PIER PAOLO SPOSATO

COME GESTIRE I CONFLITTI

Tecniche per Gestire i Conflitti
nel Sociale e sul Posto di Lavoro

Titolo

"COME GESTIRE I CONFLITTI"

Autore

Pier Paolo Sposato

Editore

Bruno Editore

Sito internet

www.brunoeditore.it

Sommario

Introduzione

È praticamente impossibile trovare una persona che, durante tutta la vita, non abbia mai dovuto confrontarsi con una situazione conflittuale in famiglia, in ambito sociale o sul lavoro; purtroppo la conflittualità può essere una parte molto significativa della nostra vita e se ciò dovesse portare a sentirci troppo spesso la parte sconfitta, rischieremmo di perdere la fiducia nei rapporti interpersonali.

La parola conflitto ha, nella nostra cultura, una connotazione negativa, poiché richiama alla mente la guerra, la violenza, i comportamenti aggressivi. L'intenzione di questo libro è quella di dimostrare che, con particolari accorgimenti, è possibile mantenere buone relazioni personali, anche a fronte di divergenze con opinioni, convinzioni, sentimenti e valori del nostro interlocutore, e ottenere contemporaneamente rispetto per le nostre idee.

È certamente difficile apprendere e mettere in atto quei processi che consentono di accettare le divergenze. L'impegno consiste nello sviluppare la capacità di vivere un conflitto come un momento positivo e non come una minaccia. Ciò richiede non solo volontà nell'apprendere le tecniche di gestione dei conflitti, ma, anche, determinazione nell'agire sulla propria personalità al fine di rendere naturali i comportamenti **così detti assertivi.**

Sulla gestione dei conflitti sono stati scritti, forse, diverse centinaia di testi e potrebbe essere normale porsi la domanda: che bisogno c'è di pubblicare un altro testo, sia pure un ebook, sull'argomento? Chi ha già letto articoli o libri su questo tema si sarà accorto che gli autori sono, quasi sempre, psicologi, sociologi o professori universitari che affrontano l'argomento in modo speculativo e, talvolta, con fini di ricerca sui comportamenti umani.

L'obiettivo che mi sono dato è, al contrario, quello di trattare la tematica in modo da poterne trarre dei suggerimenti pratici che, seguiti da un impegno continuo, possano portare a un significativo miglioramento della propria capacità di gestione dei conflitti sia in ambito sociale che sul posto di lavoro. Non voglio dire che ciò sia semplice o che, al minimo accenno di conflitto, tu debba mettere in atto una delle tecniche che ti verranno suggerite. La difficoltà è all'inizio; dopo aver fatto propri e memorizzati i vari metodi, bisognerebbe, in effetti, esercitarsi anche su conflitti di relativa importanza.

Questo esercizio porta, con il tempo, a riconoscere le situazioni in cui è veramente necessario usare delle tecniche e, soprattutto, a metterle in atto in maniera quasi automatica. Ti accorgerai che è come guidare l'auto; ti ricorderai che, quando hai iniziato, dovevi pensare prima di cambiare marcia e, poi con il tempo, l'operazione è diventata quasi inconscia. Reagisci in modo corretto alle diverse situazioni di guida senza neanche accorgertene.

Mettere in atto una qualunque tecnica comportamentale, impartita con un addestramento, presuppone lo stesso processo: esercitati a guidare per un po' di tempo e poi ti verrà naturale applicarla.

GIORNO 1:

Come nascono i conflitti

Chi si occupa, professionalmente, di relazioni sociali ha notato da tempo un abnorme aumento delle situazioni conflittuali in tutti gli ambiti, da quello famigliare a quello del lavoro. Si è cercato di capire le ragioni di questo fenomeno e, tra le diverse interpretazioni, la più corretta sembra essere quella che assegna la responsabilità di tale aumento a una perdita, negli individui, della capacità di comunicare.

Il problema non è certamente nei mezzi di comunicazione che, al contrario, hanno raggiunto diffusione e livelli tecnici impensabili sino a qualche decina di anni fa.

Il punto è che le persone si sono abituate a comunicare con modalità che non sono applicabili nella gestione dei conflitti; messaggi di posta elettronica, sms, forum, social network e blog permettono di comunicare a 360 gradi, ma per prevenire o gestire un conflitto bisogna essere capaci di relazionarsi faccia a faccia con il proprio interlocutore. La gente sta perdendo questa abilità, perché nessuno la insegna e pochissimi la esercitano.

I conflitti tra le persone possono derivare da cause molto diverse. Probabilmente alla radice non c'è che il risultato di differenti vedute ideologiche, filosofiche, politiche o di diverse esperienze di vita. Altre cause di conflitto risiedono nel diverso modo di percepire le situazioni; le persone vedono i problemi sotto angolazioni diverse e le loro reazioni sono condizionate, come detto prima, da esperienze precedenti. I conflitti possono però insorgere anche dallo scontro di personalità diverse o da differenti bisogni emotivi.

Le differenze di status, specialmente in ambito lavorativo, sono all'origine di conflitti, come quando i lavoratori subordinati non rispettano l'autorità dei capi. Non mancano per altro motivi di conflitto tra colleghi, generati, di solito, dallo scatenarsi di invidie e ambizioni di carriera.

SEGRETO n. 1: il motivo ultimo che fa insorgere un conflitto, sebbene le cause possano essere molto diverse, è il fatto che viene messa in crisi la propria immagine.

Ogni individuo, nella sua storia di vita, ha costruito una definita **immagine di sé**, costituita da un certo numero di punti di forza e di punti di debolezza. Questa immagine, durante i rapporti interpersonali, riceve una serie di messaggi che possono dividersi in due categorie:

- messaggi, siano essi negativi o positivi in senso assoluto, che non mettono in discussione quella immagine. Questi non creano problemi con l'interlocutore;

- messaggi che, smentendo quella immagine di sé, innescano meccanismi di difesa e portano all'attacco del messaggio stesso. Si giunge all'innalzamento di barriere difensive e al conflitto.

È necessario spendere qualche parola in più sui conflitti sul posto di lavoro. Questi possono avere due cause:

- organizzative, correlate a problemi quali ruoli non definiti precisamente, mancato riconoscimento dell'autorità, strutture non coerenti, mancanza d'informazione, metodologie di lavoro errate, competenze non chiare, assenza di rispetto delle leggi sul lavoro;

- emotive e legate alle persone e dunque conseguenza di emozioni, pregiudizi, preconcetti, atteggiamenti, canali di comunicazione diversi.

Le conseguenze di un conflitto, sia esso sociale o lavorativo, non sono, in senso assoluto, tutte e sempre negative; se il conflitto è moderato può addirittura essere uno stimolo a trovare nuove soluzioni, ad accelerare dei cambiamenti, a chiarire dei contenuti.

Discorso diverso se il conflitto è eccessivo e patologico; in questo caso provoca una dannosa perdita di tempo, debilita le parti, danneggia il raggiungimento di un accordo, distorce la realtà. Dopo queste premesse, è adesso possibile fare alcuni esempi delle più frequenti cause di conflitti in famiglia, nelle relazioni sociali e nel mondo del lavoro, applicando alcuni dei concetti espressi sino a ora.

Conflitti in ambito famigliare

Il primo caso è il così detto **scontro generazionale tra genitori e figli**; quali sono le più comuni cause di questi conflitti? Incidono certamente le diverse esperienze di vita, il diverso modo di vivere le situazioni e l'insieme di bisogni emotivi. L'immagine di sé, nei ragazzi, è ancora in costruzione, per cui per loro non è facile distinguere tra i messaggi che smentiscono o meno quella immagine e, pertanto, tendono ad assumere, comunque, un atteggiamento di difesa.

Sono, talvolta, situazioni difficilissime, poiché il ragazzo o la ragazza arrivano a rifiutare qualunque tipo di dialogo e, di fatto, impediscono, anche al genitore più volenteroso, di gestire quel conflitto; tutto ciò evidenzia, però, l'incapacità di capire i bisogni dei figli e di elaborare le proprie reazioni di fronte alle loro richieste.

Siamo tutti d'accordo sul fatto che le incomprensioni e gli scontri generazionali sono sempre esistiti, ma oggi questi avvengono quando i figli sono ancora molto piccoli e sono di eccezionale gravità. La precocità dello scontro si spiega con l'anticipazione dell'età adolescenziale, età in cui molti comportamenti sono dettati dalla necessità di appartenere a un gruppo, dall'emulazione di figure di riferimento spesso discutibili, dalla contestazione dei valori genitoriali e, purtroppo, talvolta dall'irresistibile richiamo della droga. Si stabiliscono così dei circoli viziosi; i genitori reagiscono con freddezza e indifferenza alle problematiche dei figli, perché si sentono contestati e non ascoltati. I figli, a loro volta, percepiscono di essere non amati e colpiti nella loro autostima, chiudendosi ancora di più al rapporto con i genitori.

Esiste un unico modo per uscire da questo dilemma; i genitori devono anticipare, ben prima dell'attuale fase adolescenziale, il momento in cui iniziare a insegnare ai figli che il rispetto delle esigenze di entrambe le parti è basilare, per ottenere fiducia e comprensione nelle loro problematiche.

Un altro significativo capitolo, nell'ambito famigliare, sono **i conflitti di coppia.** Il rapporto di coppia è caratterizzato da una continua interazione tra due persone che comunicano tra di loro sulla base di una conoscenza reciproca più o meno approfondita. La conoscenza reciproca è la parte fondante nei rapporti di coppia, ma è anche l'elemento più critico ed emblematico della vita a due. La criticità nasce quando uno o entrambi i partner, inconsciamente o magari intenzionalmente, hanno agito con il preciso scopo di far conoscere la parte migliore di sé, nascondendo, volutamente o inconsciamente, quella **immagine di sé** che non si accetta o che si intende volutamente tenere segreta o addirittura ignota a se stessi.

La vita di coppia porta, inevitabilmente, a rivelare il vero profilo dei due partner in termine di valori, di stile di vita, di cultura, di pregiudizi, di norme di comportamento ecc.

SEGRETO n. 2: scoprire, nei rapporti di coppia, che su valori, stili di vita, cultura, pregiudizi e comportamenti ci sono differenze relativamente piccole può creare conflitti temporanei e facilmente superabili. Differenze macroscopiche portano, invece, a conflitti patologici che incidono in modo determinante sugli interessi, sulle motivazioni e sui benefici dello stare insieme.

Un chiaro esempio di questi processi proviene dalla categoria dei principi etici, morali e deontologici che determinano il comportamento a livello individuale. Ognuno ha la sua **scala di valori**, ma non è detto che in una coppia le scale di valori coincidano. Un partner, infatti, potrebbe anteporre a tutti gli altri il valore "onestà" seguito, supponiamo, in ordine di importanza decrescente, da altri valori come la lealtà, la famiglia, la libertà, la fedeltà ecc. L'altro partner potrebbe attribuire a tali valori un'importanza completamente diversa, e, quindi, il valore "onestà" potrebbe essere posto in fondo alla sua graduatoria. Analogamente se una coppia attribuisce al valore "fedeltà" un significato diverso, si potrebbe prevedere che, prima o poi, uno o entrambi i partner si ritrovino coinvolti in storie sentimentali alternative.

Possiamo allora concludere che l'accordo di due persone sugli stessi valori unisce e crea vicinanza; il disaccordo, invece, allontana. Gli studi di psicologia applicata alle relazioni di coppia dimostrano che il rapporto tra i partner si basa sulla similarità di vedute intorno a quattro elementi fondamentali: **interessi, obiettivi, motivazioni e benefici**. Ogni partner valuta la validità del rapporto secondo i propri interessi, su cui fonda i propri obiettivi, sostenuti, a loro volta, da personali motivazioni, con le quali misura i benefici dello stare insieme.

Questi elementi, nel tempo, hanno subito profonde modifiche, dovute alla trasformazione del rapporto di coppia, il cui modello classico, centrato sul matrimonio, è andato sempre di più in crisi per una serie di fattori quali:

- maggiore libertà sessuale;

- difficoltà economiche nel creare una famiglia;

- conseguente aumento del numero dei single;

- aumento delle coppie di fatto;

- impressionante diminuzione della durata dei matrimoni.

Gli psicologi della coppia attribuiscono la colpa di questi cambiamenti all'incapacità di comprendersi e relazionarsi, in quanto gli individui non sono più "educati" a comunicare. La maggiore libertà nei rapporti richiederebbe, d'altra parte, una capacità di comunicare maggiore di quella che occorreva qualche generazione fa.

Sono cambiate anche le motivazioni per le quali ci si sposa; si è passati da motivazioni improntate alla creazione di una famiglia, per la procreazione di figli e per la trasmissione di beni, a ragioni basate sulla conquista di uno status e di un maggior benessere economico. Questa situazione crea nuovi valori a causa dei quali è più frequente giungere a uno scontro di personalità. Altri autori fanno risalire i motivi dell'aumentata conflittualità di coppia al fatto che, mentre la donna si è emancipata e, dunque, dal matrimonio si aspetterebbe maggiori soddisfazioni in campo sessuale, sentimentale e di dialogo, l'uomo sarebbe rimasto fermo al suo ruolo storico di partner, responsabile solo di reperire un tetto e mantenere la sua compagna.

Ultima osservazione in ordine di tempo, ma non meno importante, riguarda il diverso atteggiamento delle coppie odierne di fronte all'emergere di una crisi importante. Una volta molte coppie, giunte alla crisi, decidevano di sopportare la situazione con rassegnazione; oggi la tendenza è quella di cessare la relazione, per mettersi alla ricerca di un altro partner, sperando che sia quello giusto. È, però, evidente che, se era sbagliato rassegnarsi alle crisi e sopportare un rapporto non più accettabile per tutta la vita, è altrettanto errato passare da una relazione all'altra, poiché il partner ideale e senza ombre non esiste.

Mi è capitata sotto gli occhi, mentre stavo scrivendo il libro, una notizia che, sebbene abbia dei contenuti paradossali, alla fine si rivela molto in linea con le osservazioni e i suggerimenti di questo ebook.

Un giornale femminile ha riferito i risultati di uno studio condotto da un matematico dell'Università di Oxford, James Murray, e da uno psicologo di Seattle, John Gottmann. I due scienziati, nel 1994, avevano iniziato un esperimento con l'obiettivo di costruire un modello matematico che, studiando le emozioni umane come se fossero espressioni algebriche, riuscisse a prevedere il futuro matrimoniale di una coppia. Sono state analizzate settecento coppie e sembra che i due docenti siano riusciti a profetizzare esattamente il loro destino nel 94% dei casi; senza entrare nei dettagli dell'esperimento, mi interessa sottolineare le conclusioni dei due autori. Essi hanno individuato tre tipologie di coppia:

- i **validator**, cioè coniugi costanti che, oltre a rispettarsi, comunicano l'un l'altro senza problemi;
- gli **avoider**, cioè i reticenti, che cercano di evitare i conflitti e le discussioni;
- i **volatile**, che sono impulsivi, passionali e imprevedibili.

Il futuro delle coppie, secondo questi studi, dipenderebbe dall'assortimento dei partner. Quelle che sembrano destinate alla separazione sono composte da un impulsivo e un costante o da un reticente e un costante.

Mi ha colpito la conclusione dell'articolo; il giornalista domanda al professor Murray perché queste combinazioni non funzionano ed egli risponde: «**In entrambi i casi manca del tutto la comunicazione**». Vedremo che anche in altre situazioni il difetto o la mancanza di comunicazione sono i maggiori responsabili dell'insorgere di conflitti.

Conflitti sociali

Prendo come esempio tipico delle tensioni nel sociale i conflitti che scoppiano nei **Condomini**, luoghi virtuali in cui si generano conflitti provocati dalle divergenze di opinioni e dalla difesa degli interessi personali dei singoli condomini. Sono anche luoghi dove, idealmente, ogni famiglia vorrebbe mantenere delle gradevoli o, perlomeno, accettabili relazioni sociali.

Possiamo dunque comprendere che ogni individuo sarà combattuto tra due opposte tendenze; difendere i propri interessi ad ogni costo, anche a rischio di compromettere le relazioni sociali o, al contrario, privilegiare il mantenimento dei rapporti interpersonali con il rischio di non difendere, per intero, i propri interessi.

I conflitti, se avessero come oggetto solo gli interessi di natura materiale o economica, potrebbero essere risolti con una qualche forma di arbitrato. Diventano, invece, difficili da gestire quando mascherano ragioni di natura psicologica quali invidie, rancori, ansie ecc. Abbiamo già detto che, quando i conflitti raggiungono livelli patologici, come in questi casi, producono estenuanti perdite di tempo, logoramento delle parti, evitamento e profonde incomprensioni.

Il problema è talmente sentito che alcune sezioni dell'ANACI (Associazione Nazionale Amministratori di Condominio) hanno pensato di organizzare convegni a favore dei propri associati, non più in grado di gestire l'enorme aumento della litigiosità con le loro sole risorse personali. Scopo dei convegni sarà quello di fornire la preparazione necessaria per gestire il rapporto umano e disinnescare gli antagonismi.

Sono anche nate figure professionali esperte nella psicologia del condominio, che entreranno a far parte del corpo insegnante nei corsi di formazione per gli amministratori. L'ARCI di Prato, recentemente, ha aperto uno sportello **di ascolto e mediazione dei conflitti**, nell'intento di creare un servizio che metta a disposizione dei cittadini figure professionali in grado di trovare soluzioni alle controversie derivanti dalle diverse forme di coabitazione urbana. La Confedilizia di Bologna ha pubblicato alcune statistiche sulle cause più frequenti di litigi condominiali: secondo questa indagine, domina la classifica il riparto delle spese condominiali con il0 40%, segue l'installazione dell'ascensore con il 18%, la distribuzione dei posti auto nei cortili con il 12%, i distacchi delle caldaie centralizzate con il 10% e, infine, le installazioni delle antenne con il 5%.

Conflitti sul posto di lavoro

Esistono specifiche situazioni, in ambito lavorativo, in cui è estremamente elevato il rischio che insorgano gravi conflitti tra i dipendenti e i datori di lavoro, quali ad esempio:

- cambiamenti della missione aziendale;
- cambiamenti nella cultura d'impresa;
- cambiamenti del vertice dell'azienda;
- processi di mobilità / cassa integrazione;
- processi d'acquisizione / fusione;
- processi di ristrutturazione.

I primi tre processi coinvolgono interi gruppi di dipendenti se non tutta l'azienda, ma il conflitto si concentra, esclusivamente, su quegli individui che, in queste situazioni, corrono il rischio di essere demansionati, trasferiti o di perdere il posto di lavoro.

Il secondo gruppo di processi vede come attori le organizzazioni datoriali, quelle sindacali e gli Ispettorati del Lavoro, per cui è praticamente impossibile una gestione autonoma dell'eventuale conflitto. L'unico aspetto personale che può scaturire da queste situazioni è la proposta datoriale di risolvere, in modo consensuale, il rapporto di lavoro, ma di questo parleremo ampiamente in seguito.

Altri motivi di conflitto, in ambito lavorativo, sono causati dal deterioramento dei rapporti fra capi e dipendenti, che può presentarsi in due modi:

- è il dipendente che, non condividendo più le politiche del datore di lavoro, perde la motivazione e diminuisce la sua partecipazione, provocando la reazione del capo;
- è il capo che, non essendo in grado di gestire il personale con una leadership efficace, perde la collaborazione dei propri dipendenti, che abbandonano i comportamenti assertivi e assumono posizioni conflittuali.

Esiste infine una terza possibilità di conflitti sul posto di lavoro; ci riferiamo ai conflitti tra colleghi che hanno come cause scatenanti gelosie, invidie, ambizioni di carriera, incomprensioni e scontri tra differenti caratteri. Ora che abbiamo sufficienti informazioni sull'origine dei conflitti, possiamo affrontare il tema della loro gestione. Esistono alcune regole generali che si adattano a qualunque tipo di conflitto; possiamo, però, trovare degli interventi che meglio si prestano a un ambiente piuttosto che a un altro, se valutiamo gli effetti che questi producono sui diversi attori.

I conflitti generazionali o di coppia incidono sulla serenità e sulla stabilità della famiglia, creano talvolta gravi problemi economici, in caso di separazione dei coniugi. Per la gestione di questi conflitti sono più indicati gli interventi suggeriti **dall'analisi transazionale.**

I conflitti nell'ambito sociale incidono, in modo determinante, sulle relazioni interpersonali e pongono il problema di quanto una persona debba tendere a soddisfare i propri interessi a scapito, appunto, delle relazioni sociali. Sono le teorie sui **comportamenti assertivi** che, in questi casi, ci vengono in aiuto per cercare di comporre tale tipo di conflittualità.

I conflitti in ambito lavorativo, oltre che sui rapporti sociali, possono avere effetti sulla retribuzione, sulla carriera, sulla conservazione del posto di lavoro e, dunque, richiedono una particolare attenzione. I suggerimenti, in questi casi, ci vengono dalle teorie sugli **stili di negoziazione** o di nuovo sui comportamenti assertivi. Le tecniche di persuasione potranno invece rivelarsi utili nella gestione dei conflitti tra colleghi.

Giunti a questo punto possiamo tentare di definire, in modo pratico, che cosa è un conflitto, tenendo presente che ci occuperemo sia di conflitti fra due soggetti sia di conflitti fra singoli individui e gruppi.

SEGRETO n. 3: per conflitto s'intende una condizione nella quale, durante una transazione, uno o entrambi gli interlocutori, nel tentativo di raggiungere i propri obiettivi e di influenzare la controparte, volontariamente o per incapacità, non tengono conto del deteriorarsi dei rapporti interpersonali.

Di conseguenza:

SEGRETO n. 4: la gestione dei conflitti richiede la capacità di mettere in atto accorgimenti che permettano di raggiungere totalmente o parzialmente i propri obiettivi, senza mettere a rischio le relazioni interpersonali.

RIEPILOGO DEL GIORNO 1:

- SEGRETO n. 1: il motivo ultimo che fa insorgere un conflitto, sebbene le cause possano essere molto diverse, è il fatto che viene messa in crisi la propria immagine.

- SEGRETO n. 2: scoprire, nei rapporti di coppia, che su valori, stili di vita, cultura, pregiudizi e comportamenti ci sono differenze relativamente piccole può creare conflitti temporanei e facilmente superabili. Differenze macroscopiche portano, invece, a conflitti patologici che incidono in modo determinante sugli interessi, sulle motivazioni e sui benefici dello stare insieme.

- SEGRETO n. 3: per conflitto s'intende una condizione nella quale, durante una transazione, uno o entrambi gli interlocutori, nel tentativo di raggiungere i propri obiettivi e di influenzare la controparte, volontariamente o per incapacità, non tengono conto del deteriorarsi dei rapporti interpersonali.

- SEGRETO n. 4: la gestione dei conflitti richiede la capacità di mettere in atto accorgimenti che permettano di raggiungere totalmente o parzialmente i propri obiettivi, senza mettere a rischio le relazioni interpersonali.

GIORNO 2:

Come prevenire i conflitti

Mi sembra giusto, prima di affrontare gli aspetti relativi alla gestione dei conflitti, valutare se e quali mezzi esistono, almeno in teoria, per prevenirli. È convinzione comune che chi, per sua natura, ha una buona capacità di comunicazione e/o di persuasione è certamente facilitato nei contatti umani e, pertanto, avrà maggiori possibilità di prevenire l'insorgere di situazioni conflittuali.

Chi non possiede queste doti naturali può, tuttavia, migliorare le sue tecniche di **comunicazione e persuasione**. Va subito detto che la lettura di qualche libro non sarà sufficiente per trasformare un individuo in un esperto gestore di conflitti, ma favorirà la conoscenza di accorgimenti e suggerimenti che, se messi in atto, potranno migliorare le sue capacità, senza dover necessariamente partecipare a corsi o seminari di addestramento. Vediamo, per prima cosa, quali elementi facilitano la comunicazione tra due persone; si deve prendere atto, ai fini della prevenzione dei conflitti, che, frequentemente, le comunicazioni interpersonali incontrano molte difficoltà per diversi motivi:

- gli individui tendono a opporre resistenza ai cambiamenti;

- non viene messo in pratica l'ascolto attivo;

- possono insorgere malintesi per effetto di percezioni distorte;

- si prendono decisioni in base ad assunzioni non provate.

Il messaggio inviato all'interlocutore, inoltre, subisce tre processi: **è ricevuto, interpretato e dovrebbe essere assimilato**. Ti potrai meravigliare ma, studi scientifici hanno dimostrato che, se poniamo uguale a cento quello che vorresti trasmettere, per effetto delle interferenze più varie, in effetti, avviene:

- che dici il 70% di quello che pensavi;

- che l'interlocutore sente il 40% di quello che dici;

- che l'interlocutore capisce il 20% di quello che sente;

- che l'interlocutore ricorda il 10% di quello che ha capito.

Quali sono le cause di queste interferenze? Ne sono stati individuati quattro tipi diversi:

- cause psicologiche, quali preoccupazioni, stress, livelli di intelligenza;
- cause tecniche, come i rumori, chiamate telefoniche, ambienti troppo caldi o troppo freddi;
- cause sociali dovute essenzialmente a differenze culturali;
- cause fisiologiche, come, ad esempio, stanchezza o malesseri.

Come fare a superare atteggiamenti e interferenze che costituiscono delle vere e proprie barriere alle comunicazioni e, di conseguenza, rendono più difficoltosa la gestione di un potenziale conflitto? È sufficiente porre attenzione a tre aspetti.

SEGRETO n. 5: cerca di incoraggiare la conversazione, attenendoti ai fatti ed evitando di far prevalere gli aspetti emozionali. Incoraggia la cooperazione, rispettando i sentimenti altrui. Applica l'ascolto attivo e fai domande per favorire lo scambio di informazioni.

Immagino che qualcuno, leggendo questo, possa pensare: è una bella dichiarazione d'intenti, ma per mettere in atto quei comportamenti bisognerà pure conoscere qualche tecnica. Questo mezzo esiste, è relativamente semplice da apprendere, richiede un poco più di attenzione per applicarlo ed è conosciuto come **tecnica della domanda**.

La tecnica della domanda è un mezzo potente, è una guida al comportamento, al successo e alla cooperazione fra gli uomini; fornisce delle informazioni sopratutto se accompagnata da una capacità di ascoltare e da una notevole sensibilità ed empatia. Serve anche a guadagnare tempo, quando l'interlocutore si pone in una posizione di chiusura, o a chiedere maggiore chiarezza. È la tecnica ideale per stimolare una discussione, fissare gli scopi, far parlare i taciturni o incoraggiare i timidi.

La tecnica è basata, abbastanza semplicemente, sulla scelta delle domande da porre agli interlocutori, con la stessa cura con cui un giocatore di golf sceglie le mazze, in funzione del terreno su cui deve giocare. Uno dei maggiori problemi è quello che, di norma, poniamo delle domande non efficaci e, di conseguenza, otteniamo delle risposte non soddisfacenti. Qualche classico esempio lo sperimentiamo nella vita di tutti i giorni; quante volte ci siamo sentiti domandare: «Sai l'ora?» e, volendo, avremmo potuto rispondere: «Sì», senza dire che ora era. Situazione simile quando, dopo una lunga discussione, il nostro interlocutore domanda: «Sei d'accordo?»; anche in questo caso potremmo rispondere: «Sì» senza effettivamente dichiarare la nostra opinione.

La tecnica della domanda fornisce un sistema di riferimento, spiegando quali sono le domande che abbiamo a disposizione e che risultati producono se usate correttamente. Esistono due grandi gruppi di domande:

- domande dirette;
- domande indirette.

Le domande dirette sono quelle rivolte a una persona specifica e tendono a far qualificare l'interlocutore; ad esempio: «Tu cosa ne pensi di questa proposta?» Questo tipo di domanda è, in certi casi, brutale e può coglierci all'improvviso. Le domande indirette sono quelle rivolte a un ascoltatore non presente o a sé stessi e servono per non mettere in difficoltà l'interlocutore. Possiamo, infatti, porre la stessa domanda di prima in modo più morbido tipo: «Mi domando cosa lei pensa della mia proposta». Esiste poi una tipologia di domande ognuna con obiettivi ed efficacia diversi:

- domande alternative;

- domande di fatto;

- domande che indirizzano alla risposta;

- domande controverse;

- domande di rimbalzo;

- domande ambigue;

- domande provocatorie;

- domande retoriche.

Analizziamo la validità di queste domande, tenuto presente che il nostro obiettivo è quello di abbattere le barriere della comunicazione e, così, poter gestire meglio eventuali conflitti. Le domande **alternative** servono poco al nostro scopo, perché sono quelle che hanno come risposta semplicemente un "sì" o un "no"; le possiamo considerare solo domande interlocutorie, a cui devono seguire domande più impegnative.

Le domande **di fatto** risultano, al contrario, molto utili per stimolare la conversazione e far qualificare l'interlocutore; esse iniziano con "perché", "quando", "come", "dove" e servono, appunto, per evitare le generalizzazioni, per chiedere spiegazioni, per provare delle asserzioni, per chiarire le circostanze, per individuare il momento in cui sono accaduti determinati fatti.

Qualche volta abbiamo bisogno di attirare l'attenzione del nostro interlocutore su un particolare dell'obiettivo che vogliamo raggiungere, senza che lo riesca a intravvedere immediatamente; le domande che **indirizzano alla risposta** sono quelle che meglio rispondono a questa esigenza.

Qui si rende necessario un esempio: immagina che stai discutendo con tua moglie sull'acquisto di una nuova auto che anche tu vorresti fare, ma non subito, perché ritieni che la famiglia sia già troppo impegnata finanziariamente. La sequenza delle domande potrebbe essere questa:

- sei d'accordo che per circa un anno abbiamo impegni economici di una certa importanza?
- Ammetti che la nostra auto è ancora perfettamente funzionante?

- Non puoi negare che, acquistando oggi una nuova auto, dovremo fare dei sacrifici.

- Ho ragione di pensare che preferiresti non rinunciare ad alcuna delle spese che abbiamo programmato per questo anno?

- Perché non aspettare il prossimo anno, quando potremo acquistare la nuova auto senza problemi?

Questo semplice esempio dimostra che la domanda che indirizza alla risposta si rivela utile per guidare una persona a seguire, nelle sue scelte, un percorso logico; nel caso in esame, infatti, sarebbe illogico essere d'accordo sulle prime tre domande/affermazioni e poi rispondere no all'ultima domanda. Passiamo alle domande **controverse**; servono, molto semplicemente, ad animare una discussione o far parlare i timidi, poiché sono formulate con più alternative a cui si possono dare diverse risposte valide. Esempio: «Secondo te è meglio vivere in campagna o in città?»

La domanda di **rimbalzo** è quella che si fa rispondendo con una domanda a una precedente domanda, con diversi scopi:

- serve per prendere tempo;

- serve per non rispondere;

- è utile per conoscere il parere dell'interlocutore, prima di rispondere alla sua domanda.

Qualche esempio: domanda 1: «Lei è soddisfatto di quello che guadagna?», risposta: «Perché mi fa questa domanda?»; domanda 2: «Se accetto la sua proposta cosa riceverei in cambio?», risposta: «Lei cosa preferirebbe?» La tecnica, come si vede, permette di prendere tempo e costringe l'interlocutore a chiarire i motivi delle sue richieste.

Le domande **ambigue** sono quelle che hanno lo scopo di costringere l'interlocutore a pensare prima di rispondere e, quindi, danno a noi la possibilità di riprendere in mano la situazione; di norma dovrebbero essere usate quando una persona monopolizza la discussione e non lascia parlare gli altri. Non esiste una formulazione precisa, ma la domanda deve essere difficile e pertinente all'argomento che si sta dibattendo. La domanda **provocatoria,** come possiamo dedurre dal suo nome, contiene una provocazione che dovrebbe avere l'effetto di ottenere una risposta. Non mi soffermo su questi due tipi di domande perché non sono, di certo, le più indicate nella gestione dei conflitti; se da una parte stimolano la discussione, dall'altra possono provocare reazioni emotive da parte di chi le subisce e, dunque, approfondire un contrasto piuttosto che minimizzarlo.

Le domande **retoriche**, infine, sono quelle da cui non ci si attende una risposta, perché si riferiscono a qualcosa di scontato; sono utilizzate raramente con lo scopo di superare certi punti su cui non si vuole avere discussione. Un esempio può essere: «C'è qualche dubbio sul fatto che per comprare una macchina occorre disporre di una somma in denaro?»

Terminato il breve richiamo alla tecnica della domanda, vorrei attirare la tua attenzione anche su quello che è definito il **linguaggio non verbale**; sono gli atteggiamenti non verbali a indicare l'eventuale incongruenza tra quanto l'interlocutore afferma e ciò che percepiamo globalmente. Gli uomini hanno, in effetti, tre sistemi di comunicazione:

- canale verbale, cioè il linguaggio;
- canale paraverbale, relativo al tono, al ritmo della voce;

- canale non verbale, che corrisponde alle posture, ai gesti, alle espressioni e agli sguardi.

Ebbene gli esperti affermano che il 90% di quello che comunichiamo viene trasmesso con il linguaggio non verbale e che, a un occhio allenato, non sfugge se questo rafforza o contraddice quanto viene espresso verbalmente. Come negare che ciò sia vero? Guarda questa piccola galleria di personaggi, tratta dalle diapositive proiettate in un corso sulle comunicazioni.

Fig. 1 – Comunicazione non verbale

Entrambi i personaggi (figura 1) hanno le braccia conserte, il che, generalmente, esprime un atteggiamento di chiusura; noterai però che mentre la postura della ragazza è morbida e il suo volto è rilassato, quella dell'uomo è contratta e l'espressione del viso è corrucciata. Questo signore, qualunque cosa esprimerà verbalmente, non è, al momento, d'accordo con te e si sta ponendo in una posizione di difesa, perché è preoccupato da ciò che gli stai proponendo.

Fig. 2 – Comunicazione non verbale

Penso tu non abbia dubbi (figura 2); se fosse un tuo interlocutore, esprimerebbe la massima indifferenza verso il tuo punto di vista;

ciò che gli stai raccontando non lo interessa affatto. È ora di cambiare argomento.

Fig. 3 – Comunicazione non verbale

Altre due posture a confronto (fig. 3); entrambe le persone sono molte concentrate su ciò che stai dicendo, ma la prima, oltre all'attenzione, esprime preoccupazione, dubbio o scetticismo e potrebbe entrare in conflitto con te. La seconda invece sta valutando il tuo punto di vista con grande interesse e, per ora, non è in posizione difensiva. L'ultimo esempio, infine, riguarda il linguaggio del corpo; immagina di essere di fronte a un tuo conoscente, che stai cercando di convincere ad accettare una tua idea. Dopo qualche minuto di discussione il conoscente assume la posizione della figura 4; lo vedi rilassato e cominci a sperare di averlo convinto. Errore! Quella posizione esprime dominanza e superiorità nei tuoi confronti; le tue ragioni lo divertono un po', ma non lo convincono affatto.

Fig. 4 – Comunicazione non verbale

Sono necessarie, infine, alcune osservazioni anche sulle comunicazioni scritte, che hanno particolare rilevanza in ambito lavorativo. Questo tipo di comunicazione, inserita in un contesto conflittuale, aggrava quasi sempre lo scontro tra le parti, poiché, in un'altissima percentuale di casi, viene scelta per danneggiare la controparte. Sono tipiche, in ambito lavorativo, le mail o i rapporti mandati, per conoscenza, ai capi, perché questi siano informati degli errori che, secondo noi, ha fatto la persona con cui siamo arrivati al conflitto.

Sia ben chiaro che non sto sostenendo l'abolizione di mail e rapporti di carattere operativo; voglio solo sottolineare che, in caso di conflitto, le comunicazioni scritte vanno usate con molta cautela, ammesso che la nostra intenzione sia quella di prevenire o gestire un conflitto in atto.

Esistono però situazioni (vedremo un dettagliato esempio nel paragrafo sui conflitti condominiali) nelle quali s'impone l'utilizzo delle comunicazioni scritte; studiamo allora come usarle nella gestione dei conflitti. Poniti, come primo obiettivo, la chiarezza di esposizione, indispensabile affinché il tuo messaggio arrivi chiaro e forte:

- esponi le tue idee in sequenza logica;
- un paragrafo per ogni singolo passaggio;
- il soggetto di ogni paragrafo deve essere ben identificabile;
- usa frasi semplici e, nei limiti del possibile, brevi;
- la punteggiatura deve essere molto accurata per aiutare la comprensione.

Riassumendo, il messaggio deve essere **preciso, breve e chiaro**, ma per ottenere questo risultato la preparazione del tuo scritto deve essere molto attenta. Eccoti un metodo guida:

- valuta criticamente i fatti e le idee raccolte;

- chiarisci a te stesso il motivo della comunicazione e l'obiettivo che vuoi raggiungere;

- passa in rassegna i paragrafi che hai scritto e decidi l'ordine più logico ed efficace;

- trai conclusioni e suggerimenti in accordo con i fatti che hai esposto;

- controlla la leggibilità del messaggio in funzione del tuo interlocutore.

La prevenzione dei conflitti è certamente facilitata, anche, da un adeguato uso delle tecniche di persuasione. Dobbiamo prima di tutto definire, in modo corretto, che cosa s'intende per capacità di persuasione, per evitare che ognuno possa averne una propria e diversa idea, non corrispondente alla realtà.

SEGRETO n. 6: s'intende per capacità di persuasione l'abilità di influenzare e convincere gli interlocutori, in modo

tale da ottenere accettazione, accordo o cambiamenti di comportamento.

La definizione è già così sufficientemente chiara, ma per completare il concetto dobbiamo aggiungere un ulteriore elemento. Come si comporta una persona che ha una buona capacità di persuasione? Nel linguaggio tecnico questa domanda equivale a dire che si devono identificare **gli indicatori di comportamento.**

Le persone che, naturalmente o per formazione, sono ottimi persuasori, in effetti, mettono in atto alcuni precisi comportamenti:

- cercano di prevedere l'effetto della loro iniziativa sull'opinione che gli altri si faranno di loro;
- fanno appello alla ragione, citano dati di fatto, portano cifre, si attengono alla realtà;
- usano esempi concreti e dimostrazioni;
- calibrano le informazioni in funzione dell'interlocutore che hanno di fronte;
- sono dei buoni ascoltatori;

- sono dei buoni comunicatori o usano le tecniche di comunicazione se hanno ricevuto una formazione in tal senso.

Quando usare la persuasione

Chiariamo subito un concetto fondamentale:

SEGRETO n. 7: esistono, nella vita di tutti i giorni, situazioni in cui non è necessario, consigliabile o è impossibile mettere in atto le tecniche di persuasione.

Le relazioni che intercorrono fra due persone (limitiamoci per adesso a questo esempio), nel momento in cui confrontano le loro idee, sono condizionate dal rapporto di autorità e la differenza di conoscenze che esiste tra di loro. Pensa come primo esempio al rapporto tra un padre e un figlio, all'interno di una famiglia; il padre ha, in linea generale, l'autorità e maggiori conoscenze per imporre le proprie idee al figlio.

È simile la situazione nel campo del lavoro; il capo di un ufficio ha certamente maggiore autorità e, teoricamente, anche maggiori conoscenze di un suo dipendente, per cui può imporre le proprie idee. Il ragionamento ha però un limite; il padre e il capo ufficio dei nostri esempi potranno imporre le proprie idee se il figlio e il dipendente gli riconosceranno questa maggiore autorità e le maggiori conoscenze.

Queste osservazioni ci permettono di schematizzare le situazioni in cui è necessario o meno cercare di convincere i nostri interlocutori con la persuasione, per evitare che insorga un conflitto:

- se A ha maggior autorità o conoscenze di B e B lo riconosce, A, se lo vuole, potrà imporre la propria idea;
- se A ha maggiore autorità o maggiori conoscenze di B, ma B non le riconosce, A dovrà cercare di persuadere B;
- se A e B hanno la stessa autorità e/o le stesse conoscenze, A dovrà negoziare con B, usando anche delle tecniche di persuasione.

SEGRETO n. 8: se il tuo interlocutore ha autorità e conoscenze pari o superiori alle tue o non riconosce la tua

superiorità, per convincerlo ad accettare la tua idea dovrai negoziare o adottare tecniche di persuasione.

Un'ultima osservazione va fatta per terminare l'introduzione alle tematiche sulla persuasione. L'oggetto del confronto con l'interlocutore sono le nostre idee. La difficoltà nel trovare l'accordo risiede nel fatto che le opinioni di ogni persona sono frutto di esperienze, valori, atteggiamenti di vita diversi e, pertanto, per influenzare chi ci sta di fronte dobbiamo essere in grado di superare queste barriere.

Voglio sottolineare che l'uso di tecniche di persuasione serve, essenzialmente, a prevenire i conflitti, in quanto esaltano la possibilità di raggiungere i propri obiettivi con il consenso dell'interlocutore. Vediamo allora quali sono le tecniche più note.

- **Confezionamento (framing)**: si tratta d'inserire nel discorso parole che evochino, nella mente della persona che sta ascoltando, significati, concetti, immagini che rendano più efficace il tuo messaggio. È certamente una tecnica che richiede una discreta esperienza, come si può intuire da questo esempio. Ipotizziamo che tu voglia convincere tua moglie sulla necessità d'installare un impianto di allarme nella vostra abitazione e tua moglie ritiene la spesa troppo impegnativa. Tu potresti rispondere con una di queste due frasi: «Avere un impianto di allarme ci terrà lontano dai guai» o «**Avere un impianto di allarme aumenterà la nostra sicurezza**». Può sembrarti eccessivo, ma la sostituzione della parola **guai** con la parola **sicurezza** può aumentare l'impatto del tuo messaggio.

- **Rispecchiamento**: è una tecnica che aiuta a entrare in sintonia con l'interlocutore ed è molto semplice da applicare. Consiste nell'osservare il tuo interlocutore, facendo caso a come muove le mani, la testa, le gambe, i piedi e, dopo un po' di tempo, nell'imitare i suoi movimenti; se accavalla le gambe, accavallale anche tu, così se dondola un piede o se si tocca il mento con le mani. È provato che questa imitazione provoca una corrente di simpatia tra i due interlocutori.

- **Quantità limitata**: si tratta di far capire alla tua controparte che, se non prende velocemente una decisione, correrà il rischio di perdere l'opportunità che gli stai offrendo, poiché quella disponibilità potrebbe terminare.

- **Tempismo**: la tecnica, detta crudamente, consiste nel prendere le persone per la stanchezza. Considera l'opportunità di attendere, se il l'interlocutore fa molta resistenza ad accettare il tuo punto di vista; cerca di trovare un momento diverso, quando pensi che sia mentalmente più stanco e, dunque, più facilmente influenzabile.

- **Contatto**: parliamo sia di contatto fisico propriamente detto, sia di contatto virtuale. Un delicato contatto fisico, in ambito famigliare o sociale, può aumentare la tua possibilità di successo, creando una corrente di empatia. È invece consigliabile evitare il contatto fisico in ambito professionale; il contatto virtuale, in questo caso, può essere realizzato con frasi opportune, tese a rassicurare la controparte sulla bontà dell'accordo che sta concludendo. Un classico esempio consiste nel riservarti, per ultimo, uno dei punti di forza del tuo prodotto; è la tecnica del concessionario di auto che, a trattativa quasi conclusa, fa notare la prolungata garanzia della sua marca (cinque anni contro i tre della concorrenza) o la più prolungata rateizzazione a parità di interessi.

Non nascondo che ci sono molti detrattori sull'uso delle tecniche di persuasione, in quanto sono tese a condizionare le decisioni di una persona. Esiste, però, un'interpretazione positiva sull'arte di persuadere, specialmente se diretta a prevenire dei conflitti; la persuasione rifiuta interventi pesanti come, ad esempio, il ricorso all'autorità. La persuasione non è un modo di agire che si pone l'obiettivo di convincere qualcuno contro la sua volontà e, dunque, non possono essere usate minacce, ricatti, corruzione e così via.

SEGRETO n. 9: persuadere significa provocare un cambiamento nell'opinione del tuo interlocutore, trasferendo a lui le tue idee.

Voglio chiudere questa sessione raccontandovi quello che ritengo un chiaro esempio di prevenzione di un potenziale conflitto. È la storia di una coppia di amici che conosco molto bene poiché passo con loro, ogni anno, alcuni giorni di vacanza. Il mio amico è abbastanza sportivo, sa nuotare, gli piace sciare e, nella bella stagione, andare in bicicletta; passa, però, volentieri anche molto tempo a casa poiché ha diversi hobby. Una cosa lo infastidisce decisamente ed è fare shopping. Lei, la mia amica, sembra quasi l'esatto contrario, poiché non sa nuotare, non sa sciare, non sa andare in bicicletta, le piace un mondo lo shopping e, se potesse, uscirebbe tutti i giorni.

Una sola cosa unisce questa coppia ed è l'amore per la montagna; ebbene, malgrado queste profonde differenze, i miei amici hanno trovato il modo di gestire il loro tempo libero senza far nascere il seppur minimo conflitto. Come hanno fatto?

- Se decidono di andare al mare, scelgono una località con spiaggia e scogli, in modo che lei possa starsene comodamente a prendere il sole e lui possa fare snorkeling e belle nuotate.

- Quando lui decide di trascorrere una giornata o un breve periodo sulla neve, si recano in località che hanno selezionato e dove la mia amica può seguire il marito sulle piste, fermandosi nelle malghe e nei rifugi alle stazioni di arrivo degli impianti. Lui scia e lei prende il sole.

- Lui esce frequentemente da solo in bicicletta, ma, talvolta, si recano in un parco dove affittano i tandem e così passano insieme una mattinata o un pomeriggio sulla bici.

- Lui è un pollice verde e ama curare il suo terrazzo, ma, ogni tanto, accetta di accompagnare la moglie per qualche ora di shopping.

- Mi hanno raccontato come progettano le vacanze estive per il gruppo di amici di cui anch'io faccio parte. Si mettono insieme davanti al computer, con grande anticipo sulle possibili date di partenza, e iniziano a valutare località e alberghi che, in teoria, possano accontentare tutti i membri della compagnia. Conoscono molto bene l'Austria e la Germania e, sino a ora, ci hanno sempre portato in posti bellissimi dove siamo stati trattati molto bene.

Potrei continuare con altri aneddoti, ma penso che questi esempi siano già sufficienti per convincerti dell'impegno necessario a raggiungere quel tipo di accordi. È evidente che i partner di questa coppia, con preferenze molto divergenti nella gestione del tempo libero, sono riusciti a prevenire una situazione di conflittualità diffusa perché:

- comunicano e si scambiano francamente le loro opinioni;

- hanno previsto gli effetti delle loro iniziative sulle preferenze del partner;

- si muovono in maniera concreta, assumendo informazioni e prendendo insieme le decisioni;

- sono dei buoni comunicatori dal momento che un gruppo di amici delega loro, con fiducia, l'organizzazione delle vacanze.

RIEPILOGO DEL GIORNO 2:

- SEGRETO n. 5: cerca di incoraggiare la conversazione, attenendoti ai fatti ed evitando di far prevalere gli aspetti emozionali. Incoraggia la cooperazione, rispettando i sentimenti altrui. Applica l'ascolto attivo e fai domande per favorire lo scambio di informazioni.

- SEGRETO n. 6: s'intende per capacità di persuasione l'abilità di influenzare e convincere gli interlocutori, in modo tale da ottenere accettazione, accordo o cambiamenti di comportamento.

- SEGRETO n. 7: esistono, nella vita di tutti i giorni, situazione in cui non è necessario, consigliabile o è impossibile mettere in atto le tecniche di persuasione.

- SEGRETO n. 8: se il tuo interlocutore ha autorità e conoscenze pari o superiori alle tue o non riconosce la tua superiorità, per convincerlo ad accettare la tua idea dovrai negoziare o adottare tecniche di persuasione.

- SEGRETO n. 9: persuadere significa provocare un cambiamento nell'opinione del tuo interlocutore, trasferendo a lui le tue idee.

GIORNO 3:

Come gestire i conflitti in ambito famigliare

Ogni nostra azione, ogni nostra relazione, con uno o più individui, si esplica attraverso uno scambio di parole di segni, di opinioni, di idee e di sentimenti. La regola di tale scambio è che ciascuno concede qualche cosa all'altro in funzione di ciò che ha ricevuto e del modo con cui lo ha ricevuto. Questi scambi possono essere, dunque, considerati delle transazioni tra individui durante le quali cerchiamo d'influenzare il nostro interlocutore.

L'analisi transazionale dimostra che queste transazioni sono condizionate dai comportamenti che gli individui mettono in atto nelle relazioni interpersonali, comportamenti, a loro volta, influenzati dagli stati psicologici e dagli atteggiamenti di vita dei singoli.

Un conflitto, secondo questo modo di vedere, non è altro che una transazione in difficoltà, che potrebbe portare alla rottura delle relazioni tra le persone in causa. L'aiuto che ci viene dall'analisi transazionale risiede nel fatto di aver dimostrato che la personalità di ogni individuo è un insieme di tre differenti realtà psicologiche corrispondenti:

- a ciò che da bambino vedeva e udiva dai suoi genitori;
- ai dati raccolti con l'esperienza ed elaborati razionalmente;
- a ciò che sentiva emotivamente da bambino.

Perché questa teoria si presta molto bene a fornire strumenti per gestire i conflitti in ambito famigliare? Queste tre realtà psicologiche vengono definite come: **GENITORE (G) - ADULTO (A) - BAMBINO (B).**

Il comportamento di una persona varia a seconda della prevalenza, nella sua personalità, di uno di questi tre stadi, prevalenza che è influenzata dalle situazioni che l'individuo deve affrontare. Capire con quali comportamenti queste tre realtà psicologiche si esprimono ti aiuterà a interpretare e a gestire eventuali conflittualità in ambito famigliare.

Gli individui, che nella loro personalità hanno una dominanza di stadio **genitore**, possono mostrare due tipi di comportamenti tendenziali:

- comportamenti di tipo **protettivo**, che riproducono il giusto ruolo del genitore nell'accudire ai propri figli per aiutarli a crescere in modo corretto. Questo ruolo, però, può degenerare in comportamenti **eccessivamente protettivi (genitore salvatore)** e assumere connotazioni negative, poiché negano l'autonomia delle persone;

- comportamenti di tipo **normativo** che richiamano il ruolo, anch'esso giusto, del genitore nell'educare i figli, insegnando loro le regole che presiedono alla vita sociale e che rendono possibile la civile convivenza, sia all'esterno che all'interno della famiglia. Il ruolo normativo può, però a sua volta, trasformarsi in **persecutorio**, laddove prevale la volontà di punire, mortificare la libera espressione, la creatività e la spontaneità delle persone.

La realtà degli individui che hanno una personalità dominante così detta da **bambino** si esprime con tre diverse modalità:

- una modalità positiva, definita da **bambino libero**, che corrisponde al profilo di una persona che vive in maniera naturale sentimenti quali l'amore, la rabbia, l'invidia e il piacere;

- una modalità definita da **bambino adattato**, nella quale prevale la volontà di adattarsi alle regole, con l'obiettivo di ottenere l'approvazione del mondo esterno;

- una modalità così detta da **bambino ribelle**, poiché questo individuo vive i sacrifici richiesti dalla vita associata come fossero prevaricazioni.

Non rimane che analizzare la realtà psicologica di coloro in cui predomina la personalità **adulta**. I comportamenti di questi individui sono razionali, elaborano e verificano le informazioni che ricevono e, in base a ciò, prendono le loro decisioni. Come possono essere utilizzate, tutte queste osservazioni, nella gestione dei conflitti?

SEGRETO n. 10: le relazioni interpersonali consistono in uno scambio di stimoli e di reazioni che si manifestano con il linguaggio, con i gesti e con il contatto fisico. Questo scambio

può andare a buon fine se i due interlocutori si trovano sulla stessa lunghezza d'onda o può provocare reazioni impreviste e diventare critico, generando un conflitto.

Ricordiamo, adesso, che la personalità di ogni individuo è formata da tre realtà psicologiche e che, entro certi limiti, è possibile adottarne una piuttosto che un'altra, in funzione delle situazioni in cui ci si viene a trovare.

SEGRETO n. 11: è necessario evitare comportamenti che potrebbero indurre l'interlocutore ad abbandonare la nostra lunghezza d'onda o, come si dice tecnicamente, a incrociare la transazione.

Alcuni esempi chiariranno questo concetto. Immagina di essere il padre di un ragazzo che, nel discutere un problema con te, si sta comportando come **un bambino ribelle**. In un frangente come questo, sulla scorta di quanto hai letto sulle realtà psicologiche, capisci immediatamente che se tu rispondessi con comportamenti da **genitore persecutore** o **normativo**, non faresti altro che innescare o approfondire un conflitto già in atto, poiché qualunque tentativo di punizione o d'imposizione, in quel momento, verrebbe vissuto come una prevaricazione. I profili di comportamento che possono essere usati con successo, in situazioni similari, sono quelli del **genitore protettivo** o, meglio ancora, **dell'adulto**.

Un secondo esempio è quello di una coppia dove, fra moglie e marito, esiste una notevole differenza di ruolo nella vita sociale. Lui è molto più anziano della moglie, ha una buona posizione sociale, è una persona posata e tranquilla, con una cerchia di amici consolidata. Lei è una bella ragazza, briosa, un po' "matta"; veste all'ultima moda, è iscritta a un corso di pittura, ama i balli moderni e frequenta il mondo degli artisti. Il marito la considera una bambina con tanti capricci per la testa da assecondare e la controlla senza darlo a vedere. Puoi facilmente comprendere, dopo questa descrizione, che la personalità del marito è quella del **genitore protettivo** e quella della moglie del **bambino libero**.

Domandati di nuovo:«Se fossi il marito, come mi dovrei comportare nel caso scoppiasse un conflitto di coppia?» Il ruolo del genitore protettivo non disturba le transazioni con il bambino libero, per cui vanno mantenuti quei comportamenti che gli sono congeniali. Questo è talmente vero che, dal punto di vista psicologico, la coppia del nostro esempio è considerata una coppia molto stabile.

Concludiamo, però, che, come regola di carattere generale:

SEGRETO n. 12: nei conflitti in ambito famigliare, i comportamenti più corretti da adottare sono quelli del *profilo adulto*. In situazioni di divergenza di opinioni, è importante confrontarsi serenamente e ascoltare con calma e rispetto anche le ragioni e i punti di vista dell'altro senza alcun pregiudizio.

È bene tener presente, inoltre, che i contrasti di coppia possono essere fisiologici e rappresentare un momento di riflessione, di maggiore conoscenza dell'altro, di confronto e, quindi, di crescita e di evoluzione. Possono, per contro, modificarsi, come facilmente accade per impreparazione, in conflitti patologici per il rapporto, con il rischio di trasformare tutto in una vera e propria battaglia. È, pertanto, importante domandarsi con realismo, quando il conflitto diventa esasperato, se l'intenzione è quella di distruggere il rapporto o trovare una soluzione per mantenerlo in vita. Studiamo, allora, un caso reale di conflitto di coppia e verifichiamo se, vista la sua conclusione positiva, sono stati applicati alcuni dei principi spiegati nelle precedenti pagine.

Il nostro lui è, oggi, un uomo di poco più di 40 anni, con una professione di designer industriale, cultura a 360 gradi, è un assiduo frequentatore di palestre, iperattivo, profilo dominante di bambino libero con frequenti comportamenti anche da bambino adattato. Le vicende della vita, come vedremo, lo hanno reso estremamente ansioso, per cui reagisce spesso in maniera troppo nervosa alle situazioni di contrarietà; lo chiameremo in modo scherzoso Nervosino.

Lei è di poco più grande di Nervosino, cultura media, prolissa nelle comunicazioni, ha cambiato spesso lavoro, anche se oggi ha un impiego stabile ma non di soddisfazione. È indolente, non sportiva, dorme moltissimo; ha un classico profilo da genitore persecutore. La chiameremo Svagatella.

I nostri amici si sono conosciuti da ragazzi, frequentando lo stesso liceo, e si sono sposati dopo un fidanzamento di qualche anno. Provenivano da famiglie benestanti, seppure con posizioni economiche molte diverse in quanto Svagatella è figlia di un affermato professionista, mentre il padre di Nervosino era un impiegato quadro in un'azienda privata.

Questa differenza si è oggi ulteriormente approfondita, in quanto il padre di Nervosino è andato in pensione, mentre quello di Svagatella continua a gestire il suo studio professionale.

Il padre di Nervosino ebbe con il figlio un franco colloquio, quando quest'ultimo gli comunicò che intendeva sposare Svagatella. Gli fece notare che avrebbe avuto delle difficoltà a gestire il matrimonio con una ragazza che era stata allevata nel lusso, dato che non poteva contare su un alto reddito personale né poteva pretendere di essere mantenuto perennemente dalla famiglia d'origine. Nervosino rassicurò il padre, dicendo di aver parlato con Svagatella che, al contrario, era certa di poter ricevere un costante aiuto dalla sua famiglia.

Il matrimonio, per alcuni anni, sembrò funzionare bene, anche se i rapporti tra le famiglie erano rimasti abbastanza formali; certamente la famiglia di Svagatella avrebbe preferito un matrimonio diverso per la figlia, ma non le fece mai mancare un sostanziale aiuto e, cogliendo una favorevole opportunità, arrivò a comprarle un appartamento dove gli sposi andarono ad abitare.

La famiglia fu costretta a intervenire economicamente anche quando Svagatella dovette subire una serie d'interventi chirurgici, dopo i quali fu chiaro che la coppia non avrebbe potuto avere figli. Poco tempo dopo esplose il secondo problema; lo studio dove lavorava Nervosino cessò l'attività e il ragazzo, si trovò, dall'oggi al domani senza lavoro.

Trascorsero tre anni, durante i quali Nervosino cercò di arrangiarsi in ogni modo, facendo i lavori più disparati. La sua famiglia intervenne sostenendolo economicamente per tutto quel periodo ma, certamente, non potendogli evitare notevoli difficoltà economiche. I due ragazzi cambiarono completamente vita e ciò innescò un grave conflitto; Svagatella iniziò ad accusare la famiglia di Nervosino di non fare abbastanza, in confronto a quanto faceva la sua famiglia. Accusava Nervosino stesso di non essere capace a reinserirsi nel mondo del lavoro o a iniziare una sua attività professionale. I rimproveri continui aumentavano la tensione sia tra le famiglie che tra la coppia e si iniziò a discutere sull'eventualità di chiudere il loro rapporto.

La situazione era ulteriormente complicata dal fatto che il padre di Nervosino aveva dovuto affrontare gravi problemi di salute, con pesanti ripercussioni sulle possibilità economiche della famiglia e ciò rendeva ancora più difficile comprendere le critiche di Svagatella.

Nervosino, finalmente, riuscì a trovare una buona opportunità di lavoro, ma in una località distante oltre cento chilometri dalla sua città di residenza. Ciò lo costrinse ad affittare un piccolo appartamento, dove risiedere durante la settimana, per poi tornare alla sua abitazione principale, durante i fine settimana. La situazione, invece di migliorare, peggiorò e Svagatella chiese un periodo di riflessione, per poter decidere su cosa fare del suo matrimonio.

Fu a questo punto che la famiglia di Nervosino mi chiese di occuparmi professionalmente del caso e i colloqui con il ragazzo mi permisero di raccogliere ulteriori notizie:

- gli scontri non erano più solo per motivi economici, ma anche per motivi comportamentali;

- Svagatella accusava il marito di essere iperattivo e di dedicarle poco tempo quando tornava nei fine settimana;

- Nervosino accusava la moglie di non accudire assolutamente alla casa e di essere pigra;

- la coppia si trovava, talvolta, ad affrontare improvvise difficoltà economiche, poiché lei gestiva solo le sue spese personali e lui non aveva il senso delle priorità e, dunque, era disorganizzato;

- continuavano comunque gli scontri sui problemi economici, perché entrambi i partner si erano, evidentemente, stancati di continuare ad avere un tenore di vita nettamente inferiore rispetto a quello di cui avevano goduto nelle rispettive famiglie di origine.

Accertato che Nervosino aveva, comunque, l'intenzione di mantenere in vita il rapporto e non di distruggerlo, concordammo un piano basato solo su pochi punti. La prima azione fu quella di comprendere quale residuo aiuto la coppia poteva ancora aspettarsi dalle rispettive famiglie e, in base a quel dato, rendersi conto di come avrebbero potuto gestire la loro vita. Comprese le difficoltà che, per un certo tempo, dovevano ancora aspettarsi, Nervosino e Svagatella ne discussero insieme e decisero che, poiché si sentivano ancora sentimentalmente molto legati, valeva la pena affrontarle.

Fecero un dettagliato elenco di tutte le spese prevedibili e si suddivisero la responsabilità della gestione e del controllo. Nervosino, inoltre, autorizzato dalla sua famiglia, spiegò nei minimi dettagli a Svagatella e ai suoi genitori, perché non avrebbe potuto contare su un aiuto maggiore di quello ricevuto sino a quel momento.

Fu poi chiesto alla coppia di descrivere al partner emozioni, reazioni e sentimenti provocati dai rispettivi comportamenti. Nervosino capì che la sua iperattività e le sue ansie si scontravano con il desiderio della moglie di trascorrere più tempo con lui a casa, in un ambiente più sereno e rilassante, malgrado i problemi da affrontare. Svagatella dovette prendere atto che i mugugni sulla famiglia del marito non erano corretti e provocavano un profondo senso di disagio nel partner. L'ultimo passo fu, ovviamente, quello di impegnare la coppia a un attento rispetto degli impegni presi.

L'applicazione di pochi punti basilari diede i suoi frutti; furono stimolati comportamenti da **adulto**, che richiedono di agire in modo razionale e basare le proprie decisioni su dati di fatto e non solo su emozioni. Realizzarono che certe frasi e certi comportamenti possono provocare l'interruzione della transazione e portare lentamente al muro contro muro, pur non essendocene i presupposti; infine la coppia s'impegnò profondamente a correggere gli errori fatti sino a quel momento.

Vorrei passare, adesso, a un esempio di conflitto generazionale che, per motivi personali e professionali, ho vissuto come spettatore. Vedremo l'evoluzione di un contrasto tra un padre di circa 45 anni e suo figlio di 20, contrasto che chiameremo il "caso discoteca". Il padre, Maurizio, era un dirigente di azienda privata con un'attività interessante che lo gratificava, sebbene lo impegnasse molto e lo vedesse spesso assente da casa. Aveva due figli, Luca e Daniele, con cui manteneva un rapporto abbastanza rigido. Maurizio non riusciva a esternare i suoi sentimenti liberamente e si comportava con i figli come fossero stati giovani amici con cui condividere la passione della montagna sia d'inverno, sugli sci, che d'estate nelle lunghe arrampicate sui sentieri della Valtellina.

Era, però, molto severo quando i figli sbagliavano, qualche volta anche in contrasto con la moglie Serena che, a suo giudizio, era la classica genitrice eccessivamente protettiva.

Possiamo, dunque, far rientrare la personalità di Maurizio nella realtà psicologica del **genitore normativo**. Luca, il figlio maggiore, era un ragazzo abbastanza tranquillo con due grandi passioni: il tennis e le amicizie. Luca non poteva vivere senza amici, teneva moltissimo alle relazioni personali e aveva un grande bisogno di riconoscimento sociale. Manifestava, dunque, una personalità con una dominanza di **bambino adattato**.

La frequentazione dell'ambiente del tennis lo aveva portato in contatto con un gruppo di ragazzi della sua età, ma di condizione economica significativamente più elevata di quella della sua famiglia.

Questo gruppo di amici, viste le condizioni economiche famigliari e le attività dei loro genitori, piccoli imprenditori o commercianti, mostrava uno scarso interesse verso il conseguimento di un titolo di studio. Luca, invece, era iscritto all'università e, sebbene non fosse un secchione, sembrava studiare con un certo profitto.

Il padre, a un certo punto, iniziò a notare un cambiamento nelle abitudini del figlio. Luca, che usciva quasi tutte le sere dopo cena, tornando, di norma, a una ragionevole ora di notte, cominciò a rientrare, qualche volta, molto più tardi, poiché il suo gruppo di amici aveva preso a frequentare le discoteche. Nulla di male a quella età, se il tutto si fosse mantenuto entro limiti accettabili; il contrasto tra padre e figlio iniziò quando Maurizio si rese conto che le serate in discoteca erano diventate un'abitudine più che settimanale.

La sua preoccupazione era duplice; da un lato intuiva che Luca stesse spendendo cifre di cui non aveva la personale disponibilità e, dall'altro, si domandava che influenza ciò avrebbe potuto esercitare sulla sua capacità di studiare. Maurizio era certo che sua moglie, avendo una buona situazione economica indipendente, finanziasse molte di quelle serate in discoteca, quando Luca esauriva il suo mensile, e ciò stava creando tensione anche con Serena.

Le discussioni sia con il figlio che con la moglie erano frequenti, ma, per un lungo periodo, Maurizio non riuscì a ottenere alcun cambiamento nei loro comportamenti. Una sera chiese loro di fare una riunione per discutere nuovamente del problema e, finalmente, trovò l'argomento e l'approccio corretto. Aveva, per diversi mesi, registrato le volte che Luca era tornato a notte fonda, per essersi recato in discoteca; mostrò a figlio e moglie i suoi dati.

La media era di dieci volte al mese; chiese a questo punto a Luca di fare un rapido calcolo di quanto aveva speso e quante ore di lezioni all'università e di studio aveva perso. Serena, di fronte alla cifra spesa, si rese conto che i suoi interventi stavano dando al figlio un'idea errata delle reali possibilità famigliari. Luca, finalmente, accettò un accordo: si sarebbe impegnato a dare un certo numero di esami entro una data concordata, altrimenti la famiglia non l'avrebbe più mantenuto all'università. Luca si laureò in Economia e Commercio, ebbe diverse esperienze di lavoro e, oggi, ha raggiunto un'ottima situazione economica.

Maurizio riuscì a gestire il conflitto quando, finalmente, fece prevalere i comportamenti da **adulto**, raccogliendo le giuste informazioni, elaborando i dati raccolti e, sulla scorta di questi, prendendo la corretta decisione.

Non ho un esempio, né professionale né personale, su quella che abbiamo già detto essere la situazione conflittuale più difficile in ambito famigliare. Mi riferisco alla chiusura quasi completa di qualunque forma di dialogo tra un figlio e i genitori, situazione a cui si giunge nel caso in cui non si sia riusciti a intervenire, alla giusta età, per far comprendere al ragazzo/ragazza la necessità del reciproco rispetto delle altrui esigenze.

Non mi sottraggo per questo a un approfondimento dell'argomento, avvertendo chi legge che farò ricorso, essenzialmente, a osservazioni logiche e a teorie applicabili in situazioni similari. Partiamo da due osservazioni che saranno alla base dei nostri ragionamenti:

- il ragazzo/ragazza, nei casi in oggetto, non riconosce più l'autorità e le conoscenze dei genitori, che ritiene superate dall'esigenza di appartenere a un gruppo sociale diverso da quello della famiglia;

- ammesso di voler comprendere questo atteggiamento, non dovrebbero, comunque, essere compresi e, tanto meno, giustificati comportamenti non rispettosi delle più basilari norme della convivenza.

Il primo aspetto del problema trova una sua spiegazione in quelle che sono le basi psicologiche della motivazione delle persone; nel figlio, anche se in sviluppo, valgono gli stessi principi motivazionali applicabili agli adulti. L'individuo tende a ricercare il piacere ed evitare il dolore (edonismo), mette in atto comportamenti che, in parte, sono guidati dagli istinti (istintività), prende decisioni che sono basate sulle conseguenze di passate azioni (rinforzo) e sulla scorta di quello che egli pensa potrà avvenire (cognizione).

I bisogni delle persone sono, inoltre, strutturati secondo un preciso ordine gerarchico (teoria di Maslow). I primi, in senso assoluto, sono quelli così detti igienici, cioè:

- fisiologici, interpretabili con il bisogno di cibo, acqua e sesso;

- di sicurezza, riferiti all'ambiente fisico e psicologico;

- di appartenenza, relativi all'accettazione, all'amicizia e all'affetto.

I secondi sono denominati di crescita e si riferiscono al:

- bisogno di stima, che viene soddisfatto attraverso gli apprezzamenti e i riconoscimenti che si ricevono;

- bisogno di auto realizzazione, connesso allo sviluppo del proprio potenziale.

Proviamo allora a spiegarci cosa porta un ragazzo a non tenere più in considerazione le richieste dei genitori e a chiudere con loro qualunque transazione.

SEGRETO n. 13: le gratificazioni che il ragazzo riceve, nell'adottare ciò che il suo gruppo di appartenenza richiede, sono superiori a quelle che riceverebbe se seguisse le richieste dei suoi genitori.

Si genera così una situazione molto complessa, poiché, sotto l'esempio e la pressione psicologica del gruppo, il ragazzo/ragazza riversa sulla famiglia tutta una serie di esigenze che, se non soddisfatte, non fanno che rafforzare il distacco dai genitori. Sono esempi classici l'attrezzatura scolastica (zainetti solo con un certo logo), la moda (scarpe e giubbotti solo di certe marche, jeans stracciati, l'ombelico scoperto tra le ragazze, l'abbigliamento dark o metallaro), i telefonini, il motorino, il piercing, le pettinature, i tatuaggi ecc. Questo è il dilemma dei genitori: se non gli permetto di fare quello che mi chiede, so che mio figlio si sentirà diverso dai suoi compagni e avrà difficoltà a farsi accettare dal gruppo.

Come uscirne? La soluzione perfetta non esiste, ma, tenendo presente le teorie sulla motivazione e sui bisogni degli individui, qualche cosa si può tentare.

- **I rifiuti, anche se tuo figlio sembra non ascoltarti, vanno spiegati e motivati**. Non limitarti a dire solamente no! Un certo tipo di abbigliamento, in senso assoluto potrebbe essere tranquillamente accettabile, a meno che ciò non fosse la causa di significativi problemi economici per la famiglia. Ho vissuto a Milano in un periodo in cui la moda giovanile era dettata dai così detti "paninari", ragazzi della buona borghesia. Le scarpe dovevano essere Timberland, i calzini Burlington e i piumini Moncler, tutti oggetti di abbigliamento estremamente costosi. È ovvio che non tutte le famiglie potevano permettersi di acquistarli e ciò provocò addirittura fenomeni di piccola delinquenza, con furti di piumini Moncler da parte di ragazzi meno abbienti. Analogo fenomeno, più recentemente, è stato registrato con il furto di telefonini particolarmente costosi. Il ragazzo deve dunque capire che se riceve un no, talvolta, è perché i genitori non possono e non perché non vogliono.

- **Tuo figlio deve ricevere gratificazioni e riconoscimenti anche in famiglia, nel caso li meriti**. Se, malgrado la difficoltà di dialogo, il ragazzo/ragazza ha, ad esempio, un buon rendimento scolastico, ciò gli deve essere riconosciuto anche con i fatti e, dunque, con premi tangibili, coerenti con le possibilità economiche della famiglia. Instillerai, in questo modo, un circolo virtuoso; tuo figlio capirà che a un buon comportamento corrisponderà un riconoscimento.

- **Aiutalo a realizzarsi**. Abbiamo detto che un secondo punto del problema consiste nel non accettare comportamenti non rispettosi delle regole di una buona convivenza. Esistono, purtroppo, casi nei quali, malgrado i corretti atteggiamenti dei genitori, il ragazzo/ragazza, specie di età post adolescenziale, assume delle posizioni e mette in atto comportamenti non accettabili sul piano della convivenza. È un errore lasciar correre e non intervenire; in questo modo non lo aiuti a crescere e, prima o poi, sarà la vita a dargli qualche brutta lezione. Ti suggerisco di adottare quella che è conosciuta come la seconda teoria del comportamento di Thorndike, basata sulla legge dell'effetto:

SEGRETO n. 14: il comportamento che è seguito da conseguenze gradite tende a ripetersi, mentre quello seguito da conseguenze sgradite tende a non ripetersi.

È un approccio duro, ma, fin tanto che tuo figlio mangia alla tua tavola, dorme nella tua casa, è vestito e mantenuto negli studi, dovrebbe rispettare le regole della famiglia. Se così non fosse, la teoria di Thorndike raccomanderebbe di adottare azioni che gli risultino sgradite.

Fatti salvi i bisogni fondamentali come mangiare e dormire, nulla vieta di non essere più disponibili a finanziare vacanze, l'acquisto di capi di abbigliamento, telefonini, navigatori, auto e, in casi estremi, il mantenimento agli studi. Non pensare che siano azioni non realizzabili da parte di un genitore; è meglio che sia tu a fargli capire, gradatamente, la necessità di rispettare certe regole, piuttosto che sia un estraneo o la vita a farglielo capire di colpo e brutalmente.

RIEPILOGO DEL GIORNO 3:

- SEGRETO n. 10: le relazioni interpersonali consistono in uno scambio di stimoli e di reazioni che si manifestano con il linguaggio, con i gesti e con il contatto fisico. Questo scambio può andare a buon fine se i due interlocutori si trovano sulla stessa lunghezza d'onda o può provocare reazioni impreviste e diventare critico, generando un conflitto.

- SEGRETO n. 11: è necessario evitare comportamenti che potrebbero indurre l'interlocutore ad abbandonare la nostra lunghezza d'onda o, come si dice tecnicamente, a incrociare la transazione.

- SEGRETO n. 12: nei conflitti in ambito famigliare, i comportamenti più corretti da adottare sono quelli del **profilo adulto**. In situazioni di divergenza di opinioni, è importante confrontarsi serenamente e ascoltare con calma e rispetto anche le ragioni e i punti di vista dell'altro senza alcun pregiudizio.

- SEGRETO n. 13: le gratificazioni che il ragazzo riceve, nell'adottare ciò che il suo gruppo di appartenenza richiede, sono superiori a quelle che riceverebbe se seguisse le richieste dei suoi genitori.

- SEGRETO n. 14: il comportamento che è seguito da conseguenze gradite tende a ripetersi, mentre quello seguito da conseguenze sgradite tende a non ripetersi.

GIORNO 4:

Come gestire i conflitti in ambito sociale

Penso sia utile ritornare sul perché, personalmente, considero indicato rifarsi alle teorie sull'**assertività** nella gestione dei conflitti in ambito sociale e non all'analisi transazionale o alle tecniche di negoziazione. È certamente accettabile che qualunque approccio, se ben usato, può applicarsi alle più diverse situazioni conflittuali, ma c'è un'evidenza che spiega bene il motivo della mia propensione.

L'analisi transazionale, nella gestione dei conflitti, si basa essenzialmente sulla buona conoscenza delle caratteristiche psicologiche degli interlocutori e ciò, di norma, è ciò che accade in ambito famigliare. Questa conoscenza viene, con le dovute eccezioni, a mancare nei rapporti interpersonali in ambito sociale e, dunque, se sorge un conflitto, lo si deve gestire senza conoscere bene i comportamenti e le caratteristiche psicologiche dell'interlocutore. Mi si può obiettare che ciò è vero anche in ambito lavorativo e, difatti, le tecniche di negoziazione che vedremo applicate si basano sulla così detta **negoziazione assertiva o negoziazione integrativa**, poiché, in quel caso, vengono applicate alle tecniche di negoziazione le teorie sull'assertività.

Che cos'è dunque l'assertività e cosa significa comportarsi in modo assertivo? Esistono molte definizioni, ma tutte, più o meno, richiamano alcuni concetti di base.

SEGRETO n. 15: essere assertivo significa comunicare i propri punti di vista, anche quando sono contrari a quelli dell'interlocutore, senza cercare di prevaricare l'altro, ma tentando di risolvere i problemi in modo positivo per entrambi le parti.

Essere assertivi, però, non significa essere passivi né, tanto meno, aggressivi. Faccio notare che fare esercizio di assertività prescinde dalla conoscenza degli stati psicologici dell'interlocutore e, dunque, si presta alla gestione di alcune situazioni ritenute difficili come:

* confrontarsi con persone con cui non si ha famigliarità;

* far valere i propri diritti;

* esprimere critiche, disaccordo, lamentele;

* dire di no in ambito lavorativo;

* reagire ad atteggiamenti autoritari non giustificati;

* affrontare conflitti, evitando di mettere in atto comportamenti aggressivi che danneggerebbero i rapporti interpersonali.

La pratica dell'assertività presuppone la presa di coscienza di quei diritti ritenuti irrinunciabili e la consapevolezza della propria personalità. La persona assertiva esprime, dunque, in modo chiaro i suoi sentimenti, le sue emozioni, le sue opinioni e convinzioni personali, riducendo la sensazione di disagio e riconoscendo lo stesso diritto ai propri interlocutori.

Lo sviluppo e l'approfondimento di queste basi presuppone due fasi: un processo per prendere coscienza di quali diritti sono da considerare irrinunciabili e un successivo processo per riuscire a adottare i comportamenti assertivi.

Identificare i propri diritti

Viviamo in un mondo che ci impone continuamente delle regole, che ci sono state insegnate dai nostri genitori e che noi insegniamo ai nostri figli. Regole che, nella maggioranza dei casi, sono molto sensate, ma che vanno seguite con intelligenza e non sempre alla lettera, poiché, altrimenti, correremmo il rischio di non vedere rispettati i nostri diritti.

Quali sono, allora, i diritti che si devono anteporre al rispetto delle **regole**?

- Avere e sostenere le proprie opinioni, a prescindere dalle opinioni degli altri, e poterle esprimere liberamente.
- Decidere della nostra vita e delle nostre priorità.
- Poter dire di no senza sentirsi in colpa.
- Poter cambiare idea e fare errori assumendosene, ovviamente, le responsabilità.
- Stabilire relazioni sociali soddisfacenti e concluderle quando diventano negative.
- Mantenere la propria dignità anche se questo urta i nostri interlocutori.

- Essere se stessi anche se questo può deludere le aspettative di terze persone.

SEGRETO n. 16: essere in grado di esercitare i diritti assertivi è essenziale per costruire l'autostima e la fiducia in te stesso, sentimenti questi necessari per sviluppare una personalità positiva ed equilibrata.

Chi, infatti, non conosce o non mette in atto comportamenti assertivi è portato a gestire le situazioni conflittuali in modo non equilibrato, con due modalità completamente diverse e cioè o con uno stile aggressivo oppure con uno stile passivo:

- l'individuo con uno stile aggressivo è una persona che non rispetta le opinioni degli altri, è concentrato sul raggiungimento dei propri obiettivi senza curarsi di mantenere accettabili relazioni interpersonali. Utilizza qualsiasi mezzo a propria disposizione, anche distruttivo e violento. La tendenza è quella di dominare gli altri e l'unico obiettivo che si pone è il potere personale e sociale. Le cause di questo tipo di comportamenti sono da ricercarsi in una personalità con forti componenti ansiose accompagnate da rabbia, ostilità, disprezzo degli altri e mancato riconoscimento della dignità altrui;

- il soggetto con uno stile passivo tende ad accontentare più la controparte che non sé stesso, è facilmente influenzabile e subisce le situazioni, poiché oppone una debole resistenza. Il suo obiettivo è ottenere il consenso di tutti ed evitare qualsiasi forma di contrasto con gli altri, con il che riduce l'ansia, mantiene buone relazioni interpersonali, ma, nel privato, si rimprovera per non aver difeso i suoi obiettivi. Vi sono, spesso, alla base di questo atteggiamento sensi di colpa associati a una forte componente ansiosa.

SEGRETO n. 17: condizione indispensabile per riuscire a mettere in atto comportamenti assertivi è la presa di coscienza che la diversità non significa necessariamente antagonismo.

L'adozione dei comportamenti assertivi

È necessario, dunque, allontanarsi dalla convinzione che per raggiungere i propri obiettivi è necessario penalizzare la controparte, accettando invece che esistono soluzioni ai conflitti in grado di permettere a entrambe le parti di uscirne vincitrici.

Vediamo allora con quale spirito costruttivo è opportuno affrontare i conflitti, trasformandoli in un'opportunità di crescita reciproca:

- **il conflitto è un problema da gestire** e non una battaglia da combattere e la tua controparte non è un nemico, ma un potenziale partner. Attendi il momento giusto ed evita reazioni impulsive anche di fronte a una provocazione;

- **evita la contrapposizione** e, se avverti che la tensione sta salendo, lascia, per un po' di tempo, decantare la situazione;

- **attieniti ai contenuti del conflitto**, ai fatti concreti e non lasciarti trascinare dalle emozioni e da sentimenti di antipatia o simpatia;

- **applica una critica costruttiva**, non esprimere giudizi sulla persona, ma su quello che ha fatto. Il rimbalzare dei torti dell'una e dell'altra parte preclude l'accettazione e l'ascolto di entrambe le parti. È molto diverso, ad esempio, dire: «Tu non hai fatto quella prenotazione in tempo e così abbiamo perso due giorni di vacanza», rispetto a: «Il ritardo della prenotazione ci ha fatto perdere due giorni di vacanza». La seconda frase è un'osservazione e non un giudizio. Il giudizio produce reazioni di difesa, resistenza e rifiuto, l'osservazione si limita a descrivere ciò che accade;

- **chiarisci le tue richieste**, spiega perché vorresti che la tua controparte cambiasse opinione, comportamento o atteggiamento, formulando francamente le tue sensazioni e i tuoi sentimenti. Non pretendere dei cambiamenti senza dare delle accettabili spiegazioni.

È, ora, il momento di vedere un esempio di come la pratica di comportamenti assertivi abbia portato alla composizione di un complesso conflitto condominiale.

Chiamerò questo caso "conflitto da sopraelevazione". Il fatto ebbe inizio, qualche anno fa, in uno stabile dislocato in un comune della provincia di Milano, particolare questo che ha avuto la sua importanza nel conflitto stesso. Il proprietario dell'appartamento posto all'ultimo piano dello stabile risultava anche proprietario della porzione di solaio che costituiva il soffitto del suo appartamento. Le relazioni sociali di questa persona, che chiameremo signor X, e della sua famiglia con gli altri condomini erano state, per anni, accettabili e scevre da qualunque critica.

Un giorno la custode dello stabile notò che gli operai di un'impresa edile avevano iniziato a trasportare legnami e mattoni sul solaio del condomino in questione; avvertì immediatamente un consigliere dello stabile che, non avendo ricevuto alcuna informazione preventiva dall'amministratore, ritenne opportuno controllare a cosa servisse il materiale di cui sopra. Recatosi sul solaio, il consigliere, con sua sorpresa, notò che gli operai avevano iniziato a costruire un manufatto che aveva l'apparenza di un tetto di legno.

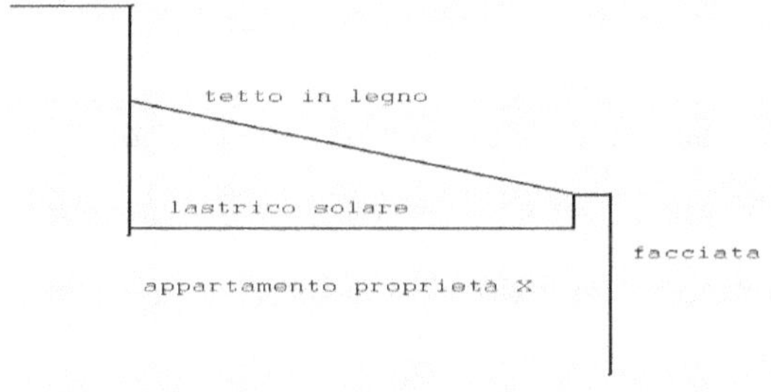

Fig. 1 - Schema del manufatto

L'amministratore, informato del fatto, avvertì immediatamente i consiglieri che alla costruzione di quel manufatto, in base alle sue esperienze precedenti, sarebbe seguito il tentativo del condomino di costruire una sopraelevazione sul solaio di sua proprietà; il comportamento del signor X fu ritenuto inaccettabile e, pertanto, i consiglieri presentarono, urgentemente, un esposto al comune di residenza.

Si venne a sapere che il condomino aveva presentato agli uffici comunali preposti all'edilizia privata una DIA (denuncia inizio attività) per la costruzione di un manufatto che avrebbe dovuto riparare il suo appartamento da presunte infiltrazioni provenienti dal solaio.

Il controllo, compiuto da funzionari comunali, permise di verificare che la costruzione in atto non corrispondeva a quanto dichiarato nella DIA, per cui ne fu ordinato l'abbattimento.

Passò circa un anno senza che nulla di nuovo accadesse; poi, improvvisamente, all'inizio di agosto del 2004, quando la maggioranza dei condomini era assente per ferie, una nuova impresa edile riprese i lavori sul solaio e, in pochi giorni, pose le basi per la costruzione di una sopraelevazione di circa 80 m^2.

Il condominio, a settembre, si riunì in assemblea e dette mandato all'amministratore di presentare un ricorso di urgenza presso il Tribunale di Milano, con la richiesta che venisse ordinata l'immediata sospensione dei lavori di sopraelevazione. Le ulteriori indagini compiute presso gli uffici comunali chiarirono che il signor X aveva presentato una nuova DIA, dichiarando, questa volta, il reale oggetto delle attività e cioè la "costruzione di un nuovo volume" al di sopra del lastrico.

L'assessorato all'edilizia aveva rilasciato l'autorizzazione a procedere, in forza di una legge della regione Lombardia relativa al recupero dei sottotetti. Detta legge, oggi non più vigente, estendeva la possibilità di recuperare volumi anche sui lastrici solari, definendoli "sottotetti a inclinazione zero".

Il Tribunale di Milano, nel frattempo, rigettava il ricorso presentato dal condominio, non ravvisandone il carattere di urgenza; ciò permetteva all'impresa di terminare, senza problemi, i lavori di sopraelevazione. L'autorizzazione comunale era stata, comunque, rilasciata con la clausola che faceva salvi gli interessi di terze parti, qualora queste potessero subire danni, direttamente collegabili all'avvenuta sopraelevazione. Questa formulazione aveva prodotto nel condominio una frattura tra coloro che avrebbero voluto proseguire l'azione legale, malgrado il rigetto del ricorso di urgenza, e coloro che ritenevano più opportuno tentare una transazione con la proprietà X.

Fu a questo punto che due consiglieri si mossero in autonomia, chiedendo un incontro con il signor X; obiettivo dell'incontro era quello di accertare la disponibilità della proprietà in causa a raggiungere un accordo con il condominio su alcuni punti ritenuti critici, al fine di comporre il conflitto in atto. I punti discussi durante l'incontro furono:

- la nuova costruzione aveva modificato la possibilità di accesso ad alcune parti comuni (gli sfiatatoi dell'impianto di riscaldamento) che potevano richiedere opere di manutenzione periodica o straordinaria;

- esisteva il timore che le opere di sopraelevazione potessero, con il tempo, produrre danni alle guaine di impermeabilizzazione, con conseguenti infiltrazioni verso gli appartamenti sottostanti il lastrico solare, oltre quello della proprietà in causa;

- il condominio non riteneva giusto farsi carico di ogni opera di manutenzione che, in futuro, si fosse rivelata necessaria per il nuovo manufatto;
- la distribuzione delle tabelle millesimali si era venuta, di fatto, a modificare con la nuova volumetria.

I consiglieri, durante il colloquio, si astennero dall'esprimere giudizi sul comportamento del signor X, certamente non cristallino, ma, con estrema franchezza, si fecero interpreti di sentimenti, dubbi, paure e reazioni che la nuova costruzione aveva generato nel condominio. Si fece, anche, comprendere a X che, certamente, lui aveva raggiunto il suo obiettivo, ma non poteva ignorare il fatto di dover continuare ad abitare in un ambiente che sarebbe stato totalmente ostile a lui e alla sua famiglia.

Il signor X si mostrò immediatamente interessato a trovare una soluzione che permettesse alla sua famiglia di mantenere la sopraelevazione, eliminando però tutti gli elementi di contrasto con il condominio. La sera stessa dell'incontro fu concordato di tentare una transazione, sotto la guida degli avvocati di parte.

La stesura di un documento che recepisse i desideri dell'una e dell'altra parte richiese parecchio tempo, ma, alla fine, si arrivò a una formulazione soddisfacente per tutti:

- il condominio prendeva atto della nuova volumetria e rinunciava ad ogni azione contro la proprietà X;

- l'atto di transazione sarebbe stato trascritto sull'atto di acquisto della proprietà X e, in tal modo, gli accordi sarebbero risultati vincolanti per gli eredi o eventuali nuovi proprietari;

- tutti gli interventi di manutenzione sulle parti comuni modificate e sul nuovo manufatto sarebbero stati a carico della proprietà X;

- il condominio e la proprietà, di comune accordo, avrebbero determinato, attraverso l'intervento di tecnici di loro fiducia, l'importo di un'indennità di sopraelevazione da corrispondere ai condomini;

- la proprietà X si sarebbe impegnata a sottoscrivere adeguate garanzie assicurative a favore del condominio, relative alle responsabilità assunte con la costruzione del nuovo manufatto;

- le tabelle millesimali sarebbero state modificate a spese della proprietà X;

- le spese di trascrizione dell'atto sarebbero state a carico della proprietà X;

La transazione fu proposta in un'assemblea, verso la fine del 2004, e fu approvata all'unanimità. Ritengo si possa concordare che il merito, per la conclusione di questo complesso conflitto condominiale, lo si debba riconoscere ai due consiglieri i quali, mettendo in atto dei comportamenti assertivi, evitarono l'instaurarsi di una vertenza legale dai tempi lunghissimi e dall'esito incerto.

Troverai nella sezione finale degli allegati la copia dell'intero atto di transazione, a dimostrazione della reale gestione di quel conflitto; potrebbe anche tornare utile a qualche lettore, nel caso si trovasse ad affrontare conflitti similari.

La capacità di instaurare relazioni in modo costruttivo presuppone un difficile percorso, che richiede un approccio educativo attraverso la lettura di testi o la partecipazione a percorsi formativi mirati allo sviluppo di alcune abilità.

Richiede, soprattutto, la volontà di mettere in atto, ogni volta che se ne presentasse l'occasione, quei principi e quelle tecniche che si sono apprese con i processi educativi di cui sopra. Viviamo immersi nella conflittualità e non siamo liberi di scegliere ciò che ci succede, ma sicuramente siamo liberi di scegliere come relazionarci con ciò che ci accade, individuando sempre nuove modalità relazionali, praticabili, efficaci, soddisfacenti e realisticamente sostenibili.

SEGRETO n. 18: l'adozione di comportamenti assertivi permette di trasformare un conflitto stressante, doloroso, pesante e incerto in un'opportunità di crescita personale e di crescita della tua autostima.

Devo ammettere che, per quanti sforzi si facciano, mettere in pratica i principi dell'assertività può risultare, per alcuni individui, molto ostico. Viene in aiuto, in questi casi, la teoria sui **comportamenti dominanti**, che ha con l'assertività molti punti in comune, ma è di più facile applicazione. Ricordiamo che il nostro obiettivo è quello di saper gestire un conflitto con persone che, probabilmente, non conosciamo a fondo, come potrebbe essere invece per un famigliare. Le esperienze, maturate con questa teoria, permettono di affermare che gli individui, di fronte alla scelta se dare maggiore attenzione al raggiungimento dei propri obiettivi o al mantenimento di buone relazioni sociali, si possono comportare in modi completamente diversi, che possono essere classificati e riconosciuti in quattro stili fondamentali: **estroverso, dominante, analitico, socievole.**

È comprensibile che se, attraverso adeguate schematizzazioni, ciascuno potesse identificare i propri stili dominanti e quelli dei suoi interlocutori, la gestione e la risoluzione dei conflitti verrebbero enormemente facilitate.

Questi schemi esistono ed è esattamente quello che andremo ad approfondire nelle prossime pagine; lo scopo sarà quello prendere coscienza del proprio stile dominante e di essere in grado di riconoscere lo stile prevalente nel proprio interlocutore.

I due valori che, negli individui, agiscono come forze in direzioni opposte sono la **tensione verso l'obiettivo** e quella verso **le**

relazioni interpersonali; vediamo, allora come queste forze interagiscono fra loro. Le persone con una forte propensione alle relazioni sociali (identificati come R.+) sono aperte, informali, impulsive e con una forte necessità di accettazione sociale, mentre gli individui, sul versante opposto, con una scarsa tensione verso queste relazioni (R. -) sono, in genere, riservate, formali, rispettose di compiti e doveri e con un forte bisogno di risultati concreti.

Chi ha una forte tensione verso gli obiettivi (O.+) è un individuo deciso, sicuro, parla a voce alta, fa poche domande ma molte affermazioni ed è un combattente; chi, invece, ha una minor tensione (O. -), è persona calma, parla a bassa voce, fa poche affermazioni e molte domande e, se possibile, evita gli scontri.

È facilmente intuibile che questi profili sono estremizzati e puramente teorici in quanto ognuno di noi, nella realtà, ha comportamenti che sono la risultante di un mix di tensioni diverse. È ovvio che sono numerose le combinazioni possibili, ma esse possono, comunque, far riferimento a quattro modelli principali:

Modello (R.+ O .-). Socievole.

Queste persone hanno comportamenti amichevoli e collaborativi, preferiscono ottenere risultati con flessibilità per cui non s'impongono con l'autorità. Hanno bisogno di tempo per prendere le decisioni, in quanto, per evitare eccessivi rischi, ricercano il conforto degli altri. È forte la necessità di accettazione sociale. Questo profilo, come del resto tutti gli altri, è caratterizzato da alcuni comportamenti efficaci e altri inefficaci.

Le persone, appartenenti al profilo socievole sono ascoltatori attivi, sono collaborativi e hanno uno spiccato senso del dovere; d'altro canto possono diventare eccessivamente flessibili ed essere troppo lenti nel prendere le decisioni. L'elemento caratterizzante i comportamenti, in caso di conflitto, è la tendenza ad accettare compromessi, rinunciando, in parte o totalmente, a difendere i propri obiettivi.

Modello (R.+ O.+). Estroverso.

Gli appartenenti a questa categoria sono buoni comunicatori, leali nella competizione e, dunque, sanno circondarsi di amici e sostenitori. Decidono, prendendosi qualche rischio di troppo, in base proprie opinioni o intuizioni. Hanno bisogno di ottenere riconoscimenti da cui traggono la loro motivazione. Essi suscitano empatia, sono persone entusiaste e buoni comunicatori; reagiscono però in maniera eccessiva, quando devono affrontare un conflitto, e sono tentati di manipolare gli interlocutori.

Modello (R. - O.+). Dominante.

Riflette il profilo di persone indipendenti, scarsamente comunicative, impazienti, molto competitive e fortemente orientate all'ottenimento di risultati. Decidono rapidamente, ma su dati di fatto; sono pratici, efficienti, indipendenti e decisionisti. Perdono però efficacia quando diventano poco flessibili, autoritari e, nei conflitti, tentano di prevaricare sugli altri.

Modello (R. – O .-). Analitico.

Gli individui descritti da questo modello sono persone poco entusiaste, distaccate, poco propense a stringere relazioni sociali, ma razionali e molto attaccate ai principi. Basano le decisioni su dati di fatto ma con lentezza, poiché non amano correre rischi; sanno essere efficaci, poiché sono logici, attenti, ordinati, molto esigenti con se stessi e infine seri e laboriosi. Il loro rischio è di non decidere, perché, perfezionisti ed eccessivamente critici, eccedono nei processi d'analisi. Un conflitto con persone di questo tipo può durare un tempo lunghissimo.

Immagino che vi sarete ritrovati, anche se non perfettamente, in uno di questi profili, così come è probabile che siate riusciti a riconoscere, nelle descrizioni, qualche amico, parente, collega o dipendente. È attraverso questo processo, all'inizio certamente impegnativo, ma poi sempre più fluido, che la conoscenza dei profili vi permetterà di gestire meglio i conflitti, a patto che siate disponibili ad accettare due irrinunciabili principi, il secondo dei quali, come vedremo nel prossimo capitolo, valido solo in ambito lavorativo:

- le teorie sulle dinamiche comportamentali ammettono che è impossibile chiedere agli individui di cambiare carattere, mentre è provato che è possibile modificare alcuni comportamenti;
- gli studi sulla leadership situazionale assegnano al capo il compito di modificare, per primo, comportamenti inefficaci, per essere d'esempio ai suoi dipendenti.

Tutti i profili, in caso di confronto, possono diventare potenzialmente conflittuali; pensate a due individui, entrambi con profili dominanti, e immaginate come potrebbero sanare un conflitto, se non modificassero o attenuassero i loro comportamenti inefficaci. Entrambi tenterebbero di prevaricare e, quasi sicuramente, il conflitto diventerebbe insanabile. Uno scontro tra due analitici, se non moderato in qualche modo, tenderebbe a non risolversi mai per la lentezza con cui questi individui decidono.

È prevedibile che un individuo dominante riesca a imporre il suo punto di vista a uno socievole, incline a essere eccessivamente flessibile; questo però non significa aver sanato un conflitto, poiché il socievole si rimprovererà, a lungo, di aver accettato una soluzione a lui non gradita.

SEGRETO n. 19: la prima regola da mettere in atto, nella gestione dei conflitti, sarà di minimizzare o, meglio, modificare i comportamenti inefficaci, tipici del proprio profilo, alla luce anche del profilo del nostro interlocutore del momento.

Siamo adesso pronti a esaminare un secondo esempio di conflitto condominiale, che potrà esserti utile per valutare un tipo di intervento, fortemente centrato sulla difesa di diritti e meno sul mantenimento delle relazioni sociali. Anche questo secondo caso è reale ed è sorto a seguito di un'**occupazione indebita di spazi condominiali.** La foto che segue vale più di qualsiasi parola; due auto sono parcheggiate in un giardino condominiale, proprio sotto il cartello che ne fa espressamente divieto.

Foto n. 1 - Parcheggio in area condominiale

Il problema inizia il giorno in cui una società, che commercia tappeti e che da adesso chiameremo società T., acquista un seminterrato, nello stabile dove si svolge il fatto, per condurvi la propria attività commerciale.

Lo stabile fa parte di un supercondominio ed è dislocato in un ampio giardino dove, per regolamento, è fatto espresso divieto di parcheggiare le auto, se non per operazioni di carico e scarico. L'amministratore del condominio deve, talvolta, intervenire in maniera più o meno formale, nei confronti di condomini poco osservanti, ma in linea di massima il rispetto del regolamento può definirsi soddisfacente.

La situazione cambia drasticamente con l'arrivo dell'attività in questione poiché, in barba al regolamento, tutti i giorni due SUV vengono parcheggiati all'ingresso delle scale che conducono al seminterrato.

Vengo interpellato, in qualità di consigliere del supercondominio, dal proprietario dell'appartamento che affaccia sull'area condominiale, divenuta, di fatto, un parcheggio e, con mia sorpresa, apprendo che l'amministratore, a cui il proprietario si è rivolto, sembra non voler intervenire nei confronti della società T.

Foto n. 2 – Parcheggio all'ingresso del seminterrato

Devo premettere che l'ingresso allo stabile, pedonale e per le auto, dà su un viale di grande traffico, dove era molto difficile parcheggiare, poiché nell'area gravitavano e gravitano tuttora un grande ospedale e un centro direzionale.

Contatto l'amministratore nel tentativo di capire se è vera o meno la sua ritrosia a intervenire; egli mi spiega di aver contattato la società T., ma considerato il fatto che sono persone che lavorano e che è molto difficile parcheggiare sul viale, avrebbe deciso di mantenere un atteggiamento accomodante, nel tentativo di raggiungere un risultato attraverso una negoziazione morbida. Approvo, da un lato il tentativo di prevenire un conflitto con una manovra persuasiva, ma, dall'altro, faccio notare che è doveroso tenere presente anche le buone ragioni di chi sta subendo un torto.

Il tempo passa, di risultati se ne vedono pochi, mentre diventano sempre più pressanti le richieste d'intervento da parte del condomino, che si ritiene danneggiato dal fatto di vedere trasformata l'area sotto le sue finestre in un parcheggio permanente. Sta, dunque, nascendo un conflitto tra condomino e amministratore, che viene ritenuto colpevole di non adempiere alle sue responsabilità.

Suggerisco di iniziare un'azione legale contro la Società T., ma, di nuovo, sorgono degli impedimenti; l'avvocato dell'amministrazione sconsiglia questa strada in quanto, a suo giudizio, gli esiti sarebbero incerti, stante la difficoltà di produrre, contro la Società T., le testimonianze raccolte tra alcuni condomini, ugualmente disturbati dal comportamento della stessa. Sembra, infatti che, in caso di vertenza tra due condomini, il giudice non possa accettare come testimoni gli altri proprietari dello stesso stabile.

Ho affermato, nel paragrafo dedicato alle comunicazioni, che, in caso di conflitti, quelle scritte andrebbero usate con prudenza; questo però è il classico caso dove la gestione del conflitto deve assumere una connotazione formale, con la produzione di documenti che possano avere, nel caso ce ne fosse bisogno, anche una rilevanza dal punto di vista legale.

Concordai, pertanto, con il condomino interessato la stesura di una prima richiesta formale d'intervento dell'amministrazione, con copia a un legale di sua fiducia (allegato 2, pag. 185).

Il passaggio fondamentale di questa comunicazione è l'avvertimento rivolto all'amministratore; se è pur vero che il ricorso contro la società T. sarebbe stato presentato dal condomino interessato, l'amministrazione avrebbe, comunque, dovuto spiegare, in giudizio, le ragioni del suo mancato intervento e ciò l'avrebbe posta in una posizione molto difficile da sostenere. Il secondo aspetto da sottolineare è che, nel frattempo, il condomino aveva raccolto un'ampia documentazione fotografica delle infrazioni commesse, al punto tale che il suo avvocato la riteneva sostitutiva delle possibili testimonianze.

Dopo pochi giorni il condomino ricevette la risposta dell'amministratore (allegato 3 pag. 189).

Si noti che ancora non vi è un intervento formale contro la società T., ma, come si evince dalla lettera, solo verbale; sta di fatto che per un periodo di tempo relativamente prolungato sembrò che la situazione stesse migliorando, con una netta diminuzione del numero delle occupazioni dell'area condominiale per motivi di parcheggio. Il comportamento collaborativo della società T. durò fino al febbraio del 2007 quando, per ragioni che non conosciamo, riprese a infrangere il regolamento condominiale. Preparai, a questo punto, una dettagliata relazione per lo studio legale del condomino (allegato 4, pag. 190), il quale mandò, contemporaneamente, un ultimo avvertimento all'amministrazione (allegato 5, pag. 198).

Si era inserita, nel frattempo, una novità; il comune, pressato dalle lamentele degli abitanti del quartiere, istituì i parcheggi riservati ai residenti, utilizzabili con l'esposizione di un apposito contrassegno. La società T. non poteva però usufruire di questa autorizzazione, in quanto i proprietari non risultavano residenti nel comune in questione, per cui, oltre ad avere difficoltà di parcheggio per i propri automezzi, correva anche il rischio di essere multata, laddove li avesse parcheggiati senza l'apposito contrassegno.

L'amministratore chiedeva ancora un po' di pazienza, dato il complicarsi della situazione ma, non essendoci alcun evidente risultato, dopo qualche mese veniva dato mandato all'avvocato di intervenire. Prima di depositare il ricorso, l'avvocato inviava un fax (allegato 6, pag. 200) e, finalmente, si raggiungeva un risultato importante e definitivo.

L'amministratore riusciva, attraverso entrature al comune, a ottenere che la società T. potesse parcheggiare i propri automezzi negli spazi riservati ai residenti; le infrazioni diminuivano, in tal modo, a livelli ragionevolmente accettabili. Possiamo, da questo caso, trarre una conclusione pratica:

SEGRETO n. 20: bisogna prendere atto che certi conflitti non possono essere gestiti con le tecniche di persuasione o con gli atteggiamenti assertivi, ma necessitano della così detta negoziazione dura (hard sell).

Le mie esperienze personali mi portano a concludere che essere assertivi significa essere **ragionevoli, ma non tolleranti**.

RIEPILOGO DEL GIORNO 4:

- SEGRETO n. 15: essere assertivo significa comunicare i propri punti di vista, anche quando sono contrari a quelli dell'interlocutore, senza cercare di prevaricare l'altro, ma tentando di risolvere i problemi in modo positivo per entrambi le parti.

- SEGRETO n. 16: essere in grado di esercitare i diritti assertivi è essenziale per costruire l'autostima e la fiducia in te stesso, sentimenti questi necessari per sviluppare una personalità positiva ed equilibrata.

- SEGRETO n. 17: condizione indispensabile per riuscire a mettere in atto comportamenti assertivi è la presa di coscienza che la diversità non significa necessariamente antagonismo.

- SEGRETO n. 18: l'adozione di comportamenti assertivi permette di trasformare un conflitto stressante, doloroso, pesante e incerto in un'opportunità di crescita personale e di crescita della tua autostima.

- SEGRETO n. 19: la prima regola da mettere in atto, nella gestione dei conflitti, sarà di minimizzare o, meglio, modificare i comportamenti inefficaci, tipici del proprio profilo, alla luce anche del profilo del nostro interlocutore del momento.

- SEGRETO n. 20: bisogna prendere atto che certi conflitti non possono essere gestiti con le tecniche di persuasione o con gli atteggiamenti assertivi, ma necessitano della così detta negoziazione dura (hard sell).

GIORNO 5:

Come gestire i conflitti sul posto di lavoro

Abbiamo già visto che le cause di conflitti in ambito lavorativo possono essere di due tipi:

- **organizzative**, di norma, connesse a problematiche quali contrapposizione di obiettivi, imprecisione nell'assegnazione dei ruoli, non riconoscimento dell'autorità, assenza di adeguate informazioni, metodologie di lavoro non corrette e, infine, mancanza delle necessarie competenze;

- **emotive**, che riguardano le persone con le loro emozioni, i pregiudizi, gli atteggiamenti, i diversi canali di comunicazione.

SEGRETO n. 21: la gestione dei conflitti sul posto di lavoro è, sotto un certo profilo, molto più complessa rispetto alle altre situazioni conflittuali, perché vanno tenuti in considerazione, contemporaneamente, tre fattori: l'influenza sul

raggiungimento di obiettivi personali, il mantenimento o meno di accettabili relazioni sociali e l'effetto sul raggiungimento dei risultati attesi dall'azienda.

Questi tre fattori presuppongono, poi, impatti e gestioni diverse a seconda che si debba affrontare un conflitto tra colleghi o un conflitto capo-dipendente. Dedicheremo a questo ultimo caso una gran parte dei prossimi paragrafi. Escludiamo, per adesso, i casi in cui il capo ha autorità e conoscenze riconosciute dai suoi dipendenti e concentriamoci sulle situazioni che richiedono, comunque, l'adozione di tecniche negoziali, in quanto relative a conflitti tra pari grado o tra dipendenti e capi, dei quali viene messa in discussione la leadership.

Le conseguenze di conflitti in ambito lavorativo possono, in linea di massima, essere:

- **fisiologiche o moderate** e, in tal caso, stimolano le energie, accelerano i cambiamenti e sono utili per chiarire i contenuti dei problemi È però importante non lasciarle degenerare, mettendo a rischio il buon andamento dell'organizzazione;

- **patologiche o eccessive**, con inevitabili perdite di tempo, danneggiamento dei risultati, irrigidimento dell'organizzazione, distorsione della realtà e indebolimento delle parti.

Le tecniche che, da un punto di vista generale, dovrebbero essere adottate nel gestire conflitti sul posto di lavoro, si differenziano a seconda che il conflitto sia moderato o importante.

Gestione di un conflitto moderato

Il metodo negoziale da seguire viene identificato con la sigla DESC dalle iniziali delle parole che lo descrivono:

- **descrivere** alla controparte il comportamento che è di disturbo, in termini precisi e obiettivi;
- **esprimere** sentimenti, disaccordi, critiche che tale comportamento suscita;
- **specificare** una proposta di modifica a tale comportamento;
- **chiarire** le conseguenze che derivano dalla conclusione di un accordo.

Gestione di un conflitto importante

La tecnica da usare in questi casi è definita "modello graduato", in quanto si procede per gradini successivi; presuppone che le parti siano d'accordo sul fatto che, per passare a un livello di negoziazione superiore, si sia superato il gradino precedente, cioè ci sia un primo accordo parziale:

- ogni parte deve definire il conflitto e indicarne la ragione;

- si deve creare un terreno di intesa. Cercare di trasformare il problema in un obiettivo da raggiungere;

- si devono dichiarare le reciproche attese. Le parti devono dire cosa vorrebbero che l'altro facesse;

- bisogna dire su che cosa, almeno inizialmente, si sarebbe disposti ad accettare un compromesso;

- si devono esaminare le soluzioni accettabili che attenuano il conflitto;

- è necessario accordarsi sui meccanismi di controllo, per impedire il risorgere del conflitto.

Si è già fatto notare che, a monte di qualsiasi approccio negoziale, esiste una contraddizione di fondo, originata da una duplice necessità: il desiderio di ottenere un risultato e la preoccupazione di mantenere la relazione con l'interlocutore.

Questa duplice necessità, in ambito lavorativo, è vissuta da coloro per i quali la gestione del conflitto impone la necessità di negoziare; chi, infatti, ha un'autorità riconosciuta può prescindere dal dialogo e dall'armonia imponendo le soluzioni che più gli aggradano, chi, invece, persegue solamente l'intesa con il prossimo può permettersi il lusso di sacrificare il risultato (un risultato è già quello di aver instaurato un buon rapporto).

SEGRETO n. 22: chi, per limiti di autorità o condizioni di parità con la controparte, è costretto a gestire i conflitti negoziando, non può permettersi di sottovalutare alcun fattore; deve necessariamente mirare a un risultato senza sacrificare i buoni rapporti.

Il modo personale di ovviare a questo conflitto psicologico, tipico della negoziazione, riflette la metodologia adottata e lo stile individuale dell'interessato. Alcuni optano per il risultato, a discapito dei buoni rapporti. Si tratta nella fattispecie dei negoziatori duri, ma nell'ambito di questa metodologia si annidano le insidie di un'eccessiva aggressività o di un accordo strappato per compiacenza.

Altri privilegiano i buoni rapporti, correndo il rischio di una momentanea sconfitta. Parliamo dei negoziatori morbidi, ovvero della metodologia improntata alla collaborazione, con tutti i pericoli che un atteggiamento comprensivo comporta (rischio di essere scavalcati e raggirati).

Altri ancora, con spirito più realistico tentano una conciliazione con l'interlocutore, cercando di abbinare il risultato alla buona armonia, atteggiamento questo fondamentalmente corretto. Attenzione, però, a non scivolare nell'ambito della metodologia della conciliazione a tutti i costi, dove si rischierebbe di accumulare così tanti compromessi da non riuscire più a distinguere i successi dagli insuccessi.

Esistono, poi, individui che iniziano a negoziare solo quando il conflitto si è inasprito, evenienza questa deprecata da tutti; in queste condizioni s'impone una soluzione qualsiasi, che garantisca una continuità del dialogo e scongiuri il peggio. Siamo nell'ambito di una metodologia che può portare solamente ad accordi formali e superficiali.

Caso studio

Prova adesso ad applicare quanto hai imparato a un **caso studio** di conflitto aziendale. Tu sei il capo di un reparto di produzione e stai preparando un prodotto che richiede un accurato controllo di qualità, da effettuarsi al termine della lavorazione nel tuo reparto e prima che passi avanti.

Di quando in quando hai qualche problema nel tuo lavoro; in questi casi, ti consulti con altri capi reparto al tuo stesso livello per decidere il modo migliore di fronteggiare la situazione. Devi riconoscere che nelle passate discussioni con loro, i colleghi ti hanno messo in grado di vedere i tuoi problemi più obiettivamente e ti hanno aiutato a svolgere un miglior lavoro.

Questa mattina il tuo reparto ha terminato un grosso ordine e lo ha spedito all'esame di controllo qualità. Il responsabile del reparto controllo ti ha appena detto che deve fare un'ispezione molto accurata, perché sono stati ricevuti numerosi reclami dal campo. Dice di aver discusso il problema con il responsabile della produzione, dal quale entrambi dipendete, e questi ritiene che tutta la partita debba essere rilavorata prima di sottoporla nuovamente al controllo. Tu cerchi di convincerlo d'imporre standard di controllo più stretti soltanto a partire dai lotti futuri, ma lui rifiuta.

Rilavorare tutta la partita significa che poi ti troverai in arretrato di un giorno circa nel programma di produzione. Naturalmente puoi spiegare l'accaduto ai tuoi superiori, ma il costo dell'operazione sarà caricato sul tuo budget e ciò richiederà, naturalmente, una spiegazione molto più difficile.

Mentre rifletti su quanto è accaduto sei decisamente preoccupato. Sai che qualcosa deve essere fatta e consideri le seguenti alternative.

1. Fermare tutto, dare istruzioni per rilavorare tutta la partita e fare del tuo meglio sia per quanto riguarda il budget che i programmi di produzione.

2. Mandare al capo del controllo una nota richiedendogli di approvare questo lotto e d'imporre controlli più stretti soltanto sui lotti futuri.

3. Inviare al capo del controllo una nota spiegandogli il tuo problema e chiedendo a lui di aiutarti a trovare una soluzione.

4. Richiedere un appuntamento per telefono o per iscritto al capo del controllo per discutere la situazione appena lui può.

5. Andare dal responsabile della produzione e richiedere che i vecchi standard vengano applicati ancora per questa volta.

6. Dire al responsabile del controllo che, se le tue richieste d'imporre standard più stretti soltanto sulla produzione futura non venissero accolte, tu non sarai più in grado di prestargli uno dei tuoi dipendenti per i lavori d'ispezione, quando lui ne avrà bisogno.

7. Andare subito dal capo del controllo nel suo ufficio per discutere ulteriormente il problema.

Ci possono essere ancora altre alternative, ma presumiamo che queste siano le uniche che hai considerato fino a questo momento. Rifletti per una decina di minuti sulle diverse alternative e poi scegli quella che ti sembra la più indicata per evitare che insorga un conflitto; focalizzati, per adesso, sulle relazioni tra persone, e non sul modo in cui il problema del controllo di qualità può essere risolto.

Qui di seguito trovi un commento ragionato a ognuna delle alternative considerate.

1. Se non dici niente e accetti la piena responsabilità per il ritardo nel programma e per l'aumento dei costi, non hai fatto niente per aprire la comunicazione con il capo del controllo. Conflitti simili possono sorgere in futuro, perché non gli hai comunicato le tue necessità. Scelta sconsigliata.

2. Mandando al responsabile del controllo una nota in cui gli dici che desideri che questo lotto venga approvato, probabilmente lo offendi. Ogni passo che non tenga in accurata considerazione le reazioni delle altre persone può essere fonte di conflitto. Decisione da non adottare.

3. Richiedere aiuto con una nota al capo del controllo può essere una buona idea. Le comunicazioni scritte possono creare atteggiamenti maggiormente difensivi, in confronto a una discussione verbale, ma la tua nota gli renderà comunque

più difficile evitare di riconsiderare il problema. È un'alternativa abbastanza valida.

4. Fissare un appuntamento con il capo del controllo è la miglior scelta possibile. La tensione sarà già sufficientemente allentata in modo che potrete discutere il problema con calma, sperando così di guadagnare la sua collaborazione nello spiegare il ritardo nel programma e gli aumenti dei costi.

5. Ricorrere al tuo superiore, che è anche superiore del capo del controllo, può soltanto complicare la situazione. È improbabile che egli voglia scavalcare i suoi dipendenti. Inoltre, avrai perso un'occasione per aprire la comunicazione con il capo del controllo. Decisione da scartare.

6. Minacciando il capo del controllo è molto difficile che tu possa ottenere la collaborazione necessaria per risolvere il problema sia ora sia in futuro. Inoltre è un passo pericoloso, che può condurre a ulteriori conflitti.

7. La discussione immediata può avere i suoi vantaggi e i suoi svantaggi: se da un lato può aprire la comunicazione, dall'altro puoi essere ancora troppo coinvolto emotivamente

per condurre la discussione nel miglior modo possibile. Scelta che ha un minimo di validità.

Vorrei, adesso, trattare, come argomento a sé stante, il caso dei conflitti capo-dipendente che, nella mia esperienza, dovrebbero essere sempre affrontati con tecniche assertive, anche nei casi in cui l'autorità e le conoscenze dei capi non sono messe in discussione. La particolarità di questi conflitti risiede nel fatto che la loro gestione è un dovere e una responsabilità del capo e, dunque, compete a loro identificare i motivi del conflitto e intervenire in modo adeguato nelle diverse situazioni.

SEGRETO n. 23: i primi strumenti, che un capo ha a sua disposizione per capire le ragioni di un conflitto nascente, sono i colloqui con i suoi dipendenti, che devono essere gestiti in modo diverso, a seconda dei motivi per cui si tengono.

Questi incontri favoriscono lo sviluppo della reciproca conoscenza tra capo e dipendenti, aiutano questi ultimi a crescere e migliorare, li impegnano a correggersi e, infine, permettono all'azienda di raccogliere i così detti segnali deboli, estremamente importanti per la prevenzione dei conflitti.

Gli ostacoli, che normalmente si frappongono tra la volontà di effettuarli e l'effettiva realizzazione, sono normalmente due: la mancanza cronica di tempo, che spesso fa mettere in seconda linea quest'attività, peraltro importantissima, del capo, e la convinzione che alcuni incontri sono spiacevoli e imbarazzanti. È certamente facile e piacevole riconoscere a un dipendente il buon lavoro fatto, comunicare un miglioramento economico o uno sviluppo di carriera, ma è un compito, certamente, ingrato comunicare una valutazione negativa, negare una richiesta di aumento salariale, convincerlo che non ha le caratteristiche per aspirare a mansioni più elevate delle attuali.

Un capo, però, non può venire meno alle responsabilità che l'azienda gli ha affidato, nel momento in cui lo ha posto alla guida di un gruppo di dipendenti. La pianificazione degli incontri è un aspetto che richiede grande attenzione; s'impone la scelta del posto e del momento giusto, ma, soprattutto, occorre arrivarci avendo predisposto la strategia da seguire.

Questi colloqui richiedono normalmente riservatezza; per questo, se capitasse di non poterli tenere in un ufficio, sarei cauto nello scegliere bar, sale d'attesa di aeroporti o hall di alberghi. Altro elemento di gran disturbo è la fretta; lascia stare, se non sei psicologicamente predisposto.

Correresti il rischio di ottenere il risultato esattamente opposto a quello che ti auspicavi. Occorre infine avere le idee chiare sul copione da seguire; domandati se hai in mano sufficienti fatti da esporre e se sei riuscito a delineare gli obiettivi da raggiungere.

La conduzione di questi incontri, sebbene abbia caratteristiche diverse secondo il tipo di colloquio da realizzare, deve rispettare alcuni elementi di carattere generale: il dipendente va messo a suo agio, tu dovrai concentrarti sui fatti e non sulle emozioni e, salvo in un caso che spiegheremo dopo, applicare l'ascolto attivo. Tu parlerai solo per il venti per cento e per il resto del tempo sarai attento a capire cosa ti sta dicendo il dipendente.

Vediamo allora quando organizzare questi incontri e come condurli.

Colloquio per la fissazione degli obiettivi: questo colloquio dovrebbe avvenire a inizio anno. Il punto focale di tali incontri è sempre quello di ottenere il consenso e la reale partecipazione del dipendente. Accade spesso, purtroppo, che un capo non abbia un seppur piccolo margine di flessibilità nello stabilire gli obiettivi con i singoli e questo è causa dell'insorgere di discussioni e, talvolta, di veri e propri conflitti con i dipendenti.

La mancanza di flessibilità non permette di ascoltare le valutazioni e i suggerimenti dei dipendenti e, laddove siano condivisibili, tenerne almeno parzialmente conto; il colloquio diventa nella realtà un monologo, con il quale il capo comunica ai suoi collaboratori gli obiettivi da raggiungere. L'unico modo per diminuire le probabilità che nasca un conflitto, in questi casi, sarà quello di mantenere fermo l'obiettivo di gruppo, ma ridistribuire i risultati attesi, secondo un approccio che tenga parzialmente conto delle osservazioni dei singoli dipendenti.

Colloquio motivazionale: non esiste un momento preciso per realizzare questo tipo d'incontro che è legato all'evoluzione di prestazioni, comportamenti e atteggiamenti del dipendente. È il colloquio che richiede la più elevata capacità d'ascolto e, se ben condotto, permette di cogliere segnali deboli, i quali sono degli indicatori del clima aziendale o del team. La decisione di quando farlo non presuppone, necessariamente, l'esistenza di una deviazione nell'attività del dipendente.

È utile programmarlo quando si vuol far arrivare al nostro uomo un apprezzamento per i suoi risultati, quando si voglia motivarlo su importanti cambiamenti nelle politiche o nell'organizzazione della società, quando si è notato un calo di motivazione nell'uomo e non se ne conoscono le ragioni e, dunque, è consigliabile chiarirle.

Questi colloqui richiedono molta attenzione al modo in cui si vuole ottenere la motivazione del dipendente; bisogna evitare atteggiamenti manipolatori e fare promesse che non si è certi di poter mantenere. Meglio parlare con franchezza, guadagnandosi il rispetto del dipendente per non aver cercato d'ingannarlo. Aspettati, in caso contrario, di dover gestire, successivamente, conflitti di una certa complessità, in quanto quel dipendente non riconoscerà più la tua autorità.

Colloquio di supporto (Counseling): va organizzato quando, in presenza di una deviazione dai comportamenti o dai risultati attesi, si ha la ragionevole certezza che il dipendente abbia la capacità e la volontà di correggere tale deviazione. La manifestazione più evidente del suo malessere è la richiesta insistente di spiegazioni su valutazione, inquadramento, stipendio, percorso di carriera. È un segnale che non è soddisfatto della sua situazione e, probabilmente, pensa di meritare qualche cosa di più, ma i suoi risultati e comportamenti lasciano un po' a desiderare.

Individua i punti di forza della persona e fai leva su questi per correggerla, evita di fare promesse che non puoi mantenere ed esponi la posizione aziendale con la massima franchezza; il dipendente deve comunque percepire che l'azienda ha ancora fiducia in lui e che tu, se necessario, sei disposto ad aiutarlo. Deve rimanere una traccia scritta degli accordi presi, meglio se firmata dall'interessato; avrai in questo modo, nel caso la tensione aumentasse, la possibilità di costringere il dipendente a discutere su dati di fatto e non su emozioni.

Colloquio a correzione: è da considerare quando ti trovi ad affrontare una deviazione di tipo comportamentale del dipendente che, malgrado tutti gli interventi messi in atto dall'azienda per portarlo a correggere una deviazione iniziale, continua a persistere nel suo atteggiamento; egli dunque non mostra alcuna volontà di correggere la deviazione, per cui il conflitto è già in atto.

Tale tipo di colloquio si rende opportuno anche quando ci troviamo di fronte a un dipendente che, **senza motivo**, si lamenta del suo inquadramento, dello stipendio, di qualche politica aziendale, evidenziando un atteggiamento critico generalizzato. È l'unico colloquio dove è il capo che deve parlare più di quanto non debba ascoltare. Evita, nella conduzione dell'incontro, di erigerti a giudice del dipendente, facendo commenti e valutazioni su cosa la persona ha fatto o non ha fatto; è altrettanto sconsigliato fare paragoni con colleghi o altri dipendenti.

Obiettivo dell'incontro è di delineare un processo di miglioramento che, idealmente, dovrebbe trovare l'accordo dell'interessato; non è infrequente però che, giunti a questo stadio dei rapporti, il dipendente non sia disponibile a sottoscrivere un piano di miglioramento prospettato dall'azienda. Ciò non toglie che il piano debba essere mantenuto, verbalizzato e fatto pervenire al dipendente per posta o per email.

Giunti a questo stadio ci sono, normalmente, due alternative: il dipendente, finalmente, inizia a mettere in atto i suggerimenti propostigli, recuperando la fiducia dei capi, o persiste nel suo atteggiamento, correndo il rischio che l'azienda metta in atto un processo per allontanarlo.

Colloquio di valutazione: intendiamo, per colloquio di valutazione, quello durante il quale il capo prospetta, a un suo uomo, il grado di soddisfazione aziendale, per i risultati da lui raggiunti nel corso di un anno. Questo è ovviamente un incontro formale ma, se il capo ha ben agito, un dipendente dovrebbe arrivare a questo appuntamento di fine anno, sapendo già che valutazione riceverà; ciò non esime il capo dal doversi preparare a questo colloquio con molta cura.

Il rischio di conflitto è molto probabile quando il capo si accinge a prospettare al dipendente una valutazione negativa del suo operato. I processi di valutazione possono essere semplici o complessi, ma, in entrambi i casi, ci si trova, di solito, a esprimere un giudizio su aspetti quantitativi e qualitativi della prestazione. Gli aspetti quantitativi si riferiscono a elementi misurabili della prestazione (vendite, spese, pezzi, standard, tempi); quelli qualitativi sono collegati a comportamenti, capacità, conoscenze, caratteristiche personali.

Un capo, se vuole avere riconosciuta la propria leadership, deve sostenere la valutazione con fatti precisi e non limitarsi a generiche espressioni di soddisfazione o di disapprovazione. Ciò implica che, in quella sede, si debbano produrre materiali e osservazioni, raccolti durante l'anno, a sostegno del nostro giudizio. Si eviterà in questo modo di discutere sulla base di sensazioni, emozioni, intuizioni, atteggiamenti questi che approfondirebbero un eventuale conflitto con il dipendente.

I conflitti di natura sindacale

Ho riflettuto a lungo, prima d'inserire questo paragrafo, poiché mi rendevo conto che la sua trattazione avrebbe potuto interessare solo una piccola parte dei lettori, più spesso spettatori che non attori di tali conflitti. È vero, d'altro canto, che questi conflitti assumono, spesso, una significativa importanza. Ho allora deciso che, comunque, qualche informazione doveva essere fornita, seppure concentrando l'attenzione sulle azioni, che permettono di minimizzare l'insorgere di pesanti situazioni conflittuali tra azienda e dipendenti.

Cominciamo con l'identificare quali sono gli argomenti che possono rappresentare motivi di scontro durante le trattative sindacali per i contratti nazionali o per i contratti aziendali. I temi in discussione, per i contratti nazionali, di norma vertono su:

- orario di lavoro;

- inquadramento professionale;

- condizioni di lavoro;

- minimi contrattuali;

- aumenti di anzianità;

- maggiorazioni per prestazioni particolari.

Le tematiche delle contrattazioni a livello aziendale sono per contro:

- ambiente di lavoro e servizi;

- norme contrattuali, quali orario di lavoro, ferie ecc.;
- benefici economici legati alla produttività, rendimenti e prestazioni aziendali.

I soggetti che, nelle diverse situazioni, sono coinvolti nelle trattative sindacali e, dunque, sono attori che, con le loro azioni e comportamenti, possono influenzare l'insorgere o meno di conflitti, sono nell'ordine: **l'impresa, il management, i capi, i lavoratori, le rappresentanze sindacali aziendali, i sindacati nazionali**. È ovvio che, a seconda delle dimensioni dell'impresa, alcuni di questi attori possano mancare; si vedano, ad esempio, molte aziende padronali dove, frequentemente, non esiste management e, talvolta, neanche le rappresentanze sindacali aziendali.

La proprietà, in questi casi, ha anche compiti gestionali, e accentra, sulla propria persona, le relazioni sindacali. Le funzioni gestionali, nell'impresa manageriale, sono delegate a professionisti e la proprietà si limita a fissare solo le strategie di massima.

Vediamo, come promesso, quali sono i fattori che rendono problematiche le trattative sindacali e, di conseguenza, cosa può essere fatto per minimizzare il rischio di una pesante conflittualità tra azienda e dipendenti. L'impresa manageriale vede, quasi sempre, un diverso atteggiamento di alcuni manager nei confronti del sindacato. Il management delle Risorse Umane dà un alto valore alle relazioni sindacali e orienta le proprie azioni al raggiungimento di una reciproca legittimazione con le rappresentanze sindacali. Il così detto management di Linea vede nelle rappresentanze sindacali, nella migliore delle ipotesi, solo una funzione di supporto e, nella peggiore, un ostacolo al raggiungimento degli obiettivi aziendali.

Quest'ultimo atteggiamento è particolarmente pericoloso se appartiene a figure aziendali quali amministratori delegati, direttori generali o manager di Linea che abbiano una maggiore autorità del responsabile delle Risorse Umane.

I loro convincimenti, collegati con la posizione gerarchica, costringerebbero i responsabili di questa funzione a condurre trattative non realistiche, non potendo tenere nella dovuta considerazione la controparte sindacale.

Bisogna riconoscere che le rappresentanze sindacali hanno delle specifiche responsabilità nell'aver generato questo clima nei loro confronti; molte richieste sindacali, specialmente in passato, erano conseguenza di posizioni ideologiche non sempre giustificate da un effettivo intervento a favore dei lavoratori dipendenti. La conduzione della trattativa contempla, poi, tutta una serie di riti, come, ad esempio, la proclamazione di scioperi, talvolta non coerenti con l'andamento delle negoziazioni o con una realistica valutazione della situazione.

Due episodi, che fanno parte delle mie esperienze personali, possono meglio far comprendere i rischi di atteggiamenti manageriali e sindacali non corretti.

Il direttore delle vendite di un'azienda, per la quale stavo conducendo una trattativa per definire la distribuzione delle ferie e che stavo consultando per avere anche la sua opinione, mi apostrofò in questo modo: «**Se dobbiamo dare un periodo di**

ferie in agosto, concediamolo pure, ma sarebbe meglio che il personale rimanesse a lavorare». Un atteggiamento del genere è fuori della realtà e, se insistito, foriero di inevitabili reazioni sindacali.

Il secondo episodio si riferisce a una trattativa sindacale, conseguente alla proclamazione, da parte aziendale, di un processo di mobilità, che coinvolgeva un limitato numero di dipendenti. Sono costretto, per i non addetti ai lavori, a spiegare alcune procedure connesse a questo tipo di processi; le aziende, per ogni dipendente posto in mobilità, devono versare, a un fondo speciale dell'INPS, una somma che risulta maggiorata se il processo viene avviato senza l'accordo sindacale.

I sindacati, nel nostro caso, proclamarono un così alto numero di scioperi, prima di raggiungere l'accordo, che l'azienda coprì completamente la somma da versare all'INPS con le trattenute effettuate sugli stipendi dei dipendenti scioperanti; questo fu il risultato di un'inutile posizione ideologica.

Vediamo adesso quale è il ruolo dei capi di prima linea, nel minimizzare l'insorgere di conflitti di natura sindacale:

- sono il volto dell'impresa, poiché da loro dipende l'adozione di corretti comportamenti, l'adeguamento ai valori aziendali, la gestione del sistema premiante;

- hanno un ruolo fondamentale nella creazione del giusto clima;

- sono il veicolo per cogliere l'insorgere di problematiche sindacali;

- sono il canale preferenziale per trasmettere a tutti i dipendenti i messaggi utili per l'influenzamento del clima.

I lavoratori, nella pratica, non hanno un ruolo specifico nella gestione di conflitti sindacali, ma costituiscono un elemento di complicazione, nelle trattative, poiché:

- non rappresentano un tutto omogeneo;

- sviluppano interessi disomogenei e spesso contraddittori.

Negli ultimi tempi questa frammentazione ha generato la creazione di formazioni sindacali (COBAS) non rappresentative a livello nazionale e neanche a livello settoriale, che complicano ulteriormente il quadro sindacale e aumentano il potenziale conflittuale.

È per questo motivo che le rappresentanze sindacali aziendali dovrebbero avere un importante ruolo nella prevenzione dei conflitti, in quanto sono nella condizione di:

- valutare e separare gli interessi individuali da quelli comuni a tutti i dipendenti;
- accertare il grado di rappresentanza rispetto ai mandatari;
- distinguere le rappresentanze di corrente (politiche) da quelle generali;
- valutare le coerenze e le incoerenze con i sindacati esterni.

Possiamo, a questo punto concludere, definendo le regole basilari che devono essere applicate nella contrattazione sindacale, al fine di ridurre i conflitti interaziendali.

SEGRETO n. 24: la contrattazione aziendale deve essere un processo attraverso cui le parti esercitano il loro potere negoziale, per soddisfare interessi funzionali alle proprie

aspettative, attraverso la composizione di conflitti e una ripartizione di potere e risorse.

Questo presuppone, come abbiamo più volte ripetuto, che i negoziatori trovino un giusto equilibrio tra la reciproca dipendenza e la disparità di interessi, per cui è necessaria una certa versatilità e una combinazione di cooperazione e competizione. Ciò richiede di essere fermi ma flessibili, di mettere in atto un efficace scambio di informazioni, di vagliare tutte le soluzioni possibili e di rendere chiaramente tangibile il bene comune.

RIEPILOGO DEL GIORNO 5:

- SEGRETO n. 21: la gestione dei conflitti sul posto di lavoro è, sotto un certo profilo, molto più complessa rispetto alle altre situazioni conflittuali, perché vanno tenuti in considerazione, contemporaneamente, tre fattori: l'influenza sul raggiungimento di obiettivi personali, il mantenimento o meno di accettabili relazioni sociali e l'effetto sul raggiungimento dei risultati attesi dall'azienda.

- SEGRETO n. 22: chi, per limiti di autorità o condizioni di parità con la controparte, è costretto a gestire i conflitti negoziando, non può permettersi di sottovalutare alcun fattore; deve necessariamente mirare a un risultato senza sacrificare i buoni rapporti.

- SEGRETO n. 23: i primi strumenti, che un capo ha a sua disposizione per capire le ragioni di un conflitto nascente, sono i colloqui con i suoi dipendenti, colloqui che devono essere gestiti in modo diverso, a seconda dei motivi per cui si tengono.

- SEGRETO n. 24: la contrattazione aziendale deve essere un processo attraverso cui le parti esercitano il loro potere negoziale, per soddisfare interessi funzionali alle proprie aspettative, attraverso la composizione di conflitti e una ripartizione di potere e risorse.

GIORNO 6:

Come evitare le vertenze di lavoro

La vertenza di lavoro è la conclusione negativa di un conflitto che, non avendo trovato una soluzione all'interno dell'azienda, viene affidato dal dipendente, per il tramite di un legale di fiducia, alla magistratura, nell'ipotesi di vedere riconosciuti i suoi diritti che, a torto o ragione, ritiene siano stati disconosciuti dal datore di lavoro. Affrontare una vertenza, per un datore di lavoro è sempre un problema per diversi motivi:

- la magistratura del lavoro, in linea di massima, si dimostra maggiormente protettiva verso la figura del dipendente, considerata la parte più debole dello scontro;

- in caso di condanna, sia essa pecuniaria od organizzativa, l'azienda paga un alto prezzo di immagine;

- le spese legali possono raggiungere, in certi casi, costi molto elevati.

Le situazioni che più frequentemente possono sfociare in azioni legali contro l'azienda sono riconducibili a due grandi gruppi di motivi:

1. cambiamenti organizzativi che mettono a rischio il mantenimento delle mansioni o del posto di lavoro, quali quelli conseguenti a fusioni, acquisizioni, riorganizzazioni, delocalizzazioni di unità produttive o amministrative. Questo comporta che alcuni dipendenti (talvolta anche in gruppi numerosi) subiscano trasferimenti, demansionamenti, collocazione in Cassa Integrazione o licenziamenti collettivi;

2. licenziamento di dipendenti che, a parere dell'azienda, si sono resi responsabili di attività fraudolente o comportamenti negligenti di tale gravità da rendere impossibile il proseguimento del rapporto di lavoro.

I capi o gli imprenditori, in queste specifiche situazioni, sono chiamati a gestire situazioni di confronto con il personale, per le quali, se non si è sufficientemente preparati, si corre il rischio di far degenerare il conflitto in una vertenza di lavoro. I prossimi paragrafi avranno come oggetto di discussione quelle decisioni di carattere organizzativo, per le quali alcuni articoli dello Statuto dei Lavoratori prevedono norme e limitazioni, poste a tutela dei lavoratori stessi. La conoscenza di queste norme potrà rivelarsi molto utile, nel guidare le scelte dei capi in situazioni che possono trasformarsi facilmente in vertenze di lavoro.

Le aziende prendono, talvolta, delle decisioni non sempre interpretabili con certezza, secondo norme di diritto del lavoro. È importante che tutti siano coscienti dei rischi che si corrono e che, in caso di sentenze avverse all'azienda, non si assista al penoso quanto inutile scarico di responsabilità.

L'articolo dello Statuto dei Lavoratori su cui richiamo la tua attenzione è il n. 13, relativo alle "Mansioni del lavoratore": Il prestatore di lavoro deve essere adibito alle mansioni per le quali è stato assunto o quelle corrispondenti alla categoria superiore, che abbia successivamente acquisito, ovvero a mansioni equivalenti alle ultime effettivamente svolte, senza alcuna diminuzione della retribuzione ... *omissis*. Egli non può essere trasferito da un'unità produttiva all'altra se non per comprovate ragioni tecniche, organizzative e produttive. Ogni patto contrario è nullo.

È chiaro che il legislatore ha voluto proteggere il lavoratore contro comportamenti aziendali pretestuosi o lesivi nei suoi confronti, ma ciò non impedisce che l'impresa possa adottare dei cambiamenti organizzativi, quando richiesti dal business o da contingenti situazioni di mercato. L'azienda può disporre il ricollocamento di un dipendente a mansioni inferiori, con o senza una diminuzione della retribuzione, nel caso ciò sia l'unica dimostrabile alternativa alla perdita del posto di lavoro. Nelle altre situazioni potranno essere previste solo mansioni superiori o equivalenti.

È sul termine "equivalente" che si sono combattute molte battaglie legali con alterne fortune, ma una cosa è certa: ricollocare un dipendente in un ruolo con mansioni inferiori alle precedenti, ma con lo stesso livello d'inquadramento e la stessa retribuzione di prima, non significa avergli assegnato mansioni equivalenti. In caso di vertenza la causa sarebbe persa per certo.

Le condizioni che legittimano il trasferimento di un lavoratore sono ancora più stringenti e contemporanee. Deve essere dimostrato, per prima cosa che, nella sede di origine, non sono più giustificate dal business le mansioni svolte dal dipendente; ciò è forse la parte frequentemente più semplice.

La parte più difficile sarà, contemporaneamente, dimostrare che, nella sede di destinazione, si è venuta a creare le necessità di coprire una posizione dalle mansioni uguali o equivalenti a quelle svolte dal nostro lavoratore e che, in tale sede, non vi erano altri dipendenti in grado di svolgerle.

Le scelte dei capi sono ulteriormente complicate dall'elemento "discriminazione"; è il caso in cui demansionamenti, trasferimenti, collocamenti in Cassa Integrazione o nelle liste di Mobilità siano legittimamente disposti, ma si debba scegliere tra più dipendenti, con uguali mansioni e operanti nella stessa unità produttiva. Quali criteri dovranno essere adottati per scegliere A piuttosto che B? La vostra risposta sarà istintivamente: «**Mi tengo il migliore e sposto il peggiore**»; avreste certamente la comprensione dell'azienda, ma, in caso di vertenza, non altrettanto quella del magistrato.

Il giudice si accerterà che prima abbiate verificato se c'erano volontari, che i colleghi della persona che avete scelto non avessero anzianità aziendali superiori e/o carichi di famiglia maggiori e, solo a queste condizioni, respingerà un eventuale ricorso del dipendente. Bisogna trarre da questi esempi una linea di comportamento, allo scopo di limitare le probabilità che un conflitto di carattere organizzativo sfoci in una vertenza.

SEGRETO n. 25: cambiamenti organizzativi, che implichino demansionamenti, trasferimenti, collocamenti in Cassa Integrazione, nelle liste di Mobilità o licenziamenti di dipendenti, devono far parte di una strategia, condivisa con più funzioni aziendali, ed essere messi in atto con intelligenza.

Non possono essere il frutto di decisioni improvvisate o di colpi di testa; le responsabilità, quando falliscono, vanno cercate all'interno dell'azienda. Analizziamo, adesso, quali azioni le aziende devono mettere in atto, attraverso le figure di supervisione, quando i conflitti nascono come conseguenza di comportamenti negligenti o fraudolenti dei dipendenti.

La gestione delle deviazioni

L'obiettivo del processo di gestione delle prestazioni e dei comportamenti è di fornire ai capi gli strumenti, adatti a migliorare le prestazioni e/o gestire problemi comportamentali dei dipendenti, senza perdere la flessibilità necessaria ad affrontare situazioni particolari.

Risponde a molteplici esigenze dedicare una riflessione a sé stante alla gestione delle deviazioni; è però necessario premettere quale significato dare alla definizione di deviazione. Pensate a quei casi dove lo scostamento dai risultati attesi è talmente significativo da far sospettare che le capacità del dipendente siano inadeguate al ruolo, o che il dipendente stia mettendo in atto comportamenti negligenti se non addirittura fraudolenti. Motivi di business e legali richiedono l'adozione di una gestione rapida della deviazione e la messa in atto di un percorso ben delineato.

Queste situazioni, prese all'inizio, hanno qualche probabilità di evitare l'insorgere di conflitti ma, se non seguite, tendono a incancrenirsi con notevoli danni per l'azienda; quando invece non si riescono a ottenere miglioramenti, sono da prevedere interventi disciplinari che, in alcuni casi, possono arrivare sino al licenziamento.

La necessità, per i capi, di seguire un percorso, concordato con la direzione dell'azienda o con l'imprenditore, nasce dalla necessità di proteggere adeguatamente l'adozione di alcune azioni, che potrebbero rendere debole la posizione dell'azienda, nel caso il dipendente coinvolto presentasse un ricorso alla magistratura del lavoro.

Andremo adesso a distinguere, per motivi puramente didattici, le deviazioni in due categorie: *deviazioni dalle prestazioni attese* e *deviazioni dai comportamenti attesi*. Non è sempre facilmente identificabile la linea di demarcazione tra le due tipologie di deviazioni; il diverbio litigioso con un collega è chiaramente un problema di comportamento, mentre il ripetuto non raggiungimento degli obiettivi di vendita è un problema di prestazioni. Ignorare i messaggi di posta elettronica o quelli telefonici potrebbe per contro essere interpretato sia come insubordinazione sia come negligenza sul lavoro. Il non esprimere una sufficiente preparazione è un significativo problema di prestazione, che potrebbe avere origine da una deviazione di comportamento, quale la mancata attuazione di programmi di addestramento aziendali.

Molti sostengono, con alcune buone ragioni, che, seguendo questo schema, tutte le deviazioni possono essere fatte risalire a una deviazione di comportamento.

Atteniamoci, almeno inizialmente, alla seguente distinzione:

- è una deviazione dai comportamenti qualunque deviazione riconducibile a valori comportamentali importanti per l'azienda, a quelli necessari a presidiare una posizione, alle procedure e alle regole della società. Normalmente tali comportamenti devianti sono premeditati;
- qualunque deviazione riconducibile ai risultati quantitativi, agli obiettivi, agli incarichi e alle deleghe è uno scostamento dalle prestazioni attese; le deviazioni dalle prestazioni non

sempre presuppongono comportamenti premeditati. Tenete ben presente che questo approccio, significativo dal punto di vista aziendale, non è riconosciuto dalla nostra giurisprudenza. La magistratura del lavoro non avvalla sanzioni disciplinari o licenziamenti, erogati dalle aziende, che siano motivati dallo scarso rendimento del dipendente o dal non raggiungimento degli obiettivi aziendali.

SEGRETO n. 26: comportamenti negligenti, fraudolenti e non rispettosi dei contratti, delle norme del codice civile e delle procedure/regole aziendali, quando documentati, costituiscono, invece, elementi accettati dalla magistratura e portano spesso a sentenze in favore delle aziende.

Questa posizione giurisprudenziale **obbliga** il capo a scoprire quali sono gli atteggiamenti e i comportamenti che sono la causa dell'insufficiente prestazione del dipendente. Vediamo allora il percorso suggerito, dal momento in cui si dovessero rilevare significative deviazioni dalle prestazioni attese, da parte di un dipendente.

Dobbiamo, per primo, accertarci che il dipendente sappia cosa e come svolgere il compito affidato; è dunque necessario che i comportamenti richiesti siano stati portati a conoscenza del dipendente e pertanto che:

- facciano parte di norme contrattuali;
- facciano parte delle mansioni assegnate e comunicate al dipendente;
- facciano parte di procedure/regole aziendali comunicate ai dipendenti;
- facciano parte di corsi di addestramento, piani, obiettivi concordati.

È responsabilità dell'azienda fornire l'addestramento necessario, laddove fosse accertato che il dipendente non sia perfettamente informato su cosa o come fare. La deviazione può però essere presente anche nel caso in cui al dipendente sia stato fornito l'addestramento necessario o, persistere, dopo un completamento della sua formazione. Questo è il momento d'intervenire con il così detto **colloquio di counseling**, e, se questo fallisse, con il successivo **colloquio di correzione**, di cui abbiamo già detto nei precedenti capitoli.

SEGRETO n. 27: è consigliabile verbalizzare sia gli interventi di counseling che quelli di correzione, quando ci si trova di fronte a significative deviazioni.

La traccia scritta può essere un semplice foglio di carta su cui andrebbero riportati la deviazione che si vuole correggere, il piano o gli obiettivi concordati e la loro data di scadenza. L'ideale sarebbe avere la firma dall'interessato ma, se rifiuta, ciò non è strettamente necessario. Il ripetersi della stessa deviazione o il frequente scostamento da molteplici comportamenti attesi deve portare alla messa in atto del sistema punitivo e alla contestazione disciplinare.

Il sistema punitivo è l'altra faccia del sistema premiante. Le prestazioni brillanti, in un'organizzazione meritocratica, sono premiate con dei riconoscimenti che contemplano aumenti retributivi, formazione, sviluppo professionale e avanzamenti di carriera. Prestazioni negligenti o fraudolente devono prevedere interventi di segno opposto, quali sospensione degli investimenti, richiami, ammonizioni, multe, sospensione dal lavoro e, nei casi estremi, il licenziamento.

Seguire questo processo certamente richiede tempi di una certa consistenza e un iter che sembra puramente burocratico; i motivi, per adottare tale approccio, sono diversi e importanti:

- è data al dipendente la possibilità di conoscere la sua posizione e, se vuole, di correggere la deviazione;
- la traccia scritta degli incontri esalta la responsabilità del dipendente e costituiscc, se fosse necessaria, una valida documentazione a difesa dell'azienda;
- l'adozione d'interventi punitivi stimola il dipendente ad abbandonare comportamenti che diventano, per lui, non più convenienti. Rendono inoltre coerente, di fronte alla magistratura, la posizione aziendale.

Capita talvolta d'infliggere sanzioni disciplinari a dipendenti che, solo qualche mese prima, hanno avuto un passaggio di livello, un premio, una valutazione positiva. Queste incoerenze sono pagate a caro prezzo. Una precisazione si rende necessaria, quando si decide di applicare il sistema punitivo:

SEGRETO n. 28: attenzione a non confondere il sistema punitivo con azioni discriminatorie.

Sono due posizioni aziendali completamente diverse e la seconda, se messa in atto, fornisce al dipendente negligente o disonesto un'efficace arma di difesa. Egli non deve essere escluso da momenti di vita aziendale di gruppo, dalla partecipazione a manifestazioni, estese a tutta una certa popolazione di dipendenti, da politiche retributive che contemplino premi di gruppo, dall'avere assegnate apparecchiature aziendali previste come standard per i dipendenti ecc.

Allontanamento del dipendente

È utile rifarsi alle recenti osservazioni sulle deviazioni, per ricollegarsi a quel processo che, per fortuna in rare occasioni, porta inevitabilmente alla risoluzione del rapporto di lavoro con il dipendente interessato. Si rende, infatti, necessario, talvolta, allontanare dipendenti che abbiano messo in atto comportamenti fraudolenti a danno dell'azienda o più semplicemente abbiano dato prestazioni continuamente e notevolmente sotto le attese.

È opinione molto diffusa, a livello direttivo, che le leggi sociali (Statuto dei Lavoratori) e le norme contrattuali rendano molto difficoltoso se non inattuabile l'allontanamento dei dipendenti, per i motivi sopraddetti. Bisogna ammettere che, mentre i licenziamenti collettivi (mobilità) sono oggi procedimenti complessi ma attuabili senza significative controversie legali, i licenziamenti individuali incontrano difficoltà ben maggiori.

Il problema risiede nel fatto che dirigenti, quadri e supervisori sono maggiormente addestrati alla gestione delle risorse umane in condizioni ottimali, in cui è corretto porre l'accento sulla motivazione e sullo sviluppo del personale. Incontrano maggiori difficoltà nell'applicazione del sistema punitivo, poiché è ritenuto comunque un compito ingrato e, se possibile, delegabile a terzi, come i responsabili del personale. La risoluzione del rapporto di lavoro con un dipendente, quando questa sia frutto di una decisione aziendale, richiede invece una strettissima collaborazione tra le strutture aziendali e, nel caso, con il legale della società.

I capi, allo scopo di evitare l'insorgere di vertenze di lavoro, devono essere addestrati a gestire il **sistema punitivo**, per la parte di loro competenza e ciò comporta due aspetti fondamentali:

- la messa a punto di un processo ben definito in cui viene individuato **chi fa che cosa**, dal momento della decisione sino alla risoluzione del rapporto di lavoro;

- lo sviluppo di conoscenze che permettano ai capi di effettuare risoluzioni del rapporto di lavoro, nel pieno rispetto delle leggi, dei codici e dei contratti.

Ciò non comporta la necessità di conoscenze legali approfondite; è più importante conoscere esattamente ciò che non si deve fare. Il non commettere certi errori può rivelarsi determinante, qualora si sia costretti a difendere le decisioni aziendali di fronte alla magistratura del lavoro.

SEGRETO n. 29: l'allontanamento di un dipendente deve essere interpretato come un processo, nel quale gran parte del percorso coincide con quello già tracciato per la gestione delle deviazioni e con la messa in atto del sistema punitivo.

Questo modo di operare permette di raccogliere prove e documenti che si potrebbero rivelare estremamente utili, qualora il dipendente ricorresse alla magistratura, a fronte di un'interruzione del rapporto di lavoro. Vediamo allora quali sono quegli interventi direttivi da mettere in atto, dopo aver tentato di correggere, senza successo, le significative deviazioni rilevate nell'attività o nei comportamenti di un dipendente. Sono pochi, ma indispensabili:

- il dipendente va avvertito, verbalmente, che l'azienda non è per nulla soddisfatta delle sue prestazioni e che, se persiste tale situazione, potrebbe venir considerata l'ipotesi di un'interruzione del rapporto di lavoro;

- vanno aumentati i controlli sugli aspetti dell'attività che sono sotto scrutinio, prestando attenzione che ciò non diventi motivo di discriminazione. I controlli devono essere mirati sugli elementi che stanno provocando la deviazione;

- va sospeso a favore dell'individuo come singolo qualunque intervento di natura formativa, motivazionale e ovviamente economica.

Si rende, adesso, necessaria un'osservazione: queste precauzioni hanno una qualche possibilità di successo solamente nel caso si sia intervenuti su deviazioni insorte da poco tempo. Non bisognerebbe mai lasciare incancrenire un rapporto conflittuale con un dipendente, poiché si vengono a creare situazioni difficilmente risolvibili.

Quando ciò avviene, le responsabilità sono tutte dell'azienda, per cui, prima o poi, dovrà pagarne il prezzo. Ciò, di norma, accade perché uno o più capi sono stati troppo tolleranti e hanno lasciato degenerare la situazione conflittuale! Si comprende, di conseguenza, ciò che si deve fare, quando si sia arrivati alla decisione di allontanare un dipendente:

- l'allontanamento non può essere deciso ed effettuato dall'oggi al domani;

- il dipendente, nel periodo d'osservazione, non va sottoposto ad azioni discriminatorie, né ad atti che possano essere interpretati come mobbing strategico. Parleremo a lungo di questo fenomeno nel prossimo capitolo;

- l'allontanamento prevede valutazioni strategiche e tattiche che i capi devono condividere con altre figure aziendali.

Condizioni di età anagrafica, contribuzione utile ai fini della pensione e deviazione contestata sono elementi che possono indicare quale processo scegliere tra i tre metodi con cui si possono risolvere i rapporti di lavoro: dimissioni del dipendente, licenziamento o risoluzione consensuale del rapporto.

Tentare di convincere un dipendente a rassegnare le dimissioni è possibile, seppure non molto probabile, solo quando costui è in età relativamente giovane, poiché è prevedibile che abbia ancora elevate opportunità di reimpiego. Il ruolo del capo sarà quello di chiarirgli il deterioramento dei rapporti con l'azienda, la perdita di fiducia nei suoi confronti e la volontà di non investire più sulla sua persona. È possibile che una lunga prospettiva di rapporti conflittuali convinca un giovane a lasciare autonomamente l'azienda.

Il licenziamento deve essere preso in considerazione quando l'azienda è grado di dimostrare, attraverso documenti e testimonianze, che l'interessato ha messo in atto comportamenti sanzionabili con questa estrema misura. Vediamo allora quali sono i comportamenti che, se in grado di essere dimostrati, potrebbero costituire una valida giustificazione al licenziamento:

- falsificazione dell'attività; è il caso tipico di dipendenti appartenenti a funzioni con attività esterna all'azienda (venditori, addetti alla manutenzione d'apparecchiature presso clienti, fattorini ecc.). Sono figure alle quali viene, di norma, richiesto di presentare rapporti sulla loro attività giornaliera, settimanale o mensile. Sono noti casi in cui il dipendente non esegue, parzialmente o totalmente, la prestazione lavorativa, ma, ovviamente, falsifica il rapporto di attività, per nascondere il comportamento fraudolento;

- falsificazione di documenti di spesa; si riferisce a tutte quelle figure aziendali alle quali è concesso il rimborso di spese di viaggio, alloggio, pasti. In questo caso il comportamento fraudolento consiste nell'alterare le pezze d'appoggio o inserire regolari documenti di spesa, effettuate però in giorni non autorizzati;

- uso improprio di apparecchiature aziendali (telefoni, computer, auto); sono esempi cellulari e linee fisse aziendali utilizzate per telefonate personali, senza un'autorizzazione. È ugualmente perseguibile chi installa, su computer aziendali, software non autorizzati o si collega a internet, senza che questo sia previsto dalle procedure interne. È alta la probabilità d'importare virus, mettendo a rischio il sistema informatico di tutta l'azienda. L'uso improprio dell'auto è contestabile quando, ad esempio, a seguito d'incidenti o contravvenzioni, l'azienda dovesse scoprire che l'assegnatario del mezzo aziendale ne aveva permesso la guida a soggetto terzo, senza che ciò fosse previsto dal contratto di assegnazione;

- mancato rispetto di procedure, regolamenti aziendali e articoli del codice civile, come ad esempio ritardi nell'invio di rapporti, assenze protratte ingiustificate, effettuazione di spese non autorizzate, svolgimento di attività in concorrenza col datore di lavoro;

- mancato rispetto delle previsioni di contratti collettivi, come comportamenti che mettono in pericolo l'incolumità delle persone o la sicurezza degli impianti, diverbi litigiosi con colleghi o superiori.

Ognuno di questi singoli comportamenti, se grave, o il frequente ripetersi di tali comportamenti ma di minor gravità è sufficiente a giustificare il licenziamento in tronco del dipendente. Sono passibili sempre di licenziamento, per giustificato motivo, quei comportamenti per i quali si può dimostrare il venir meno dell'elemento fiduciario:

- ripetersi di assenze ingiustificate;

- negligenza nello svolgimento del lavoro;

- rifiuto di eseguire le mansioni assegnate;

- ripetuta inosservanza dell'orario di lavoro;

- volontario rallentamento del lavoro;

- rifiuto di accettare un trasferimento, legittimamente disposto.

Sono tutti comportamenti che non hanno bisogno di ulteriori chiarimenti, tranne quello descritto come "negligenza nello svolgimento del lavoro". È negligenza non svolgere tutte le attività previste nel mansionario, o non completare i piani di formazione assegnati dalla società; è negligenza ripetere errori significativi che possono avere pesanti ripercussioni sull'azienda. È negligenza non rispettare le norme di sicurezza, stabilite in alcuni luoghi dello stabilimento e/o degli uffici.

Analizziamo, per ultimo, il terzo modo con cui si può risolvere un rapporto di lavoro.

SEGRETO n. 30: la risoluzione consensuale del rapporto di lavoro è una procedura con la quale si compone un conflitto in corso, interrompendo un rapporto di lavoro, per espressa volontà sia dell'azienda che del dipendente.

Questa procedura trova applicazione essenzialmente in due situazioni:

- fa parte del tentativo delle Commissioni di Conciliazione o del Giudice del lavoro di chiudere una vertenza, quando entrambe le parti sembrano disponibili a trovare un accordo, per concluderla. Il giudice, in questo caso, sollecita le parti a raggiungere una risoluzione consensuale del rapporto, evitando i rischi di affrontare un giudizio dall'esito incerto per entrambe;

- è un accordo liberamente sottoscritto tra azienda e dipendente, in certe particolari situazioni che si vengono a determinare, essenzialmente, a seguito di processi di riorganizzazione aziendale o ristrutturazione aziendale. La risoluzione consensuale del rapporto di lavoro, nelle sue linee essenziali, prevede che il dipendente si renda disponibile a cessare l'attività a fronte della disponibilità aziendale a erogare una somma concordata tra le parti.

Le particolari situazioni che suggeriscono di prendere in considerazione la risoluzione consensuale del rapporto di lavoro, ammesso che sia l'azienda a proporla, si riferiscono a dipendenti vicini all'età pensionabile o a dipendenti che, nel caso appunto di processi di ristrutturazione aziendale e a fronte degli incerti di una vertenza, preferiscono accettare la proposta dell'azienda, se è economicamente interessante.

Un dipendente, non lontano dal raggiungere il diritto alla pensione, potrebbe essere interessato a concludere il rapporto di lavoro, a fronte di un accordo economico di una certa rilevanza; si tratta in genere di dipendenti che, in età avanzata e non avendo avuto alcuno sviluppo di carriera, sono demotivati nell'espletare una mansione che ormai li ha logorati. L'accordo, normalmente, prevede l'erogazione di una somma con la quale il dipendente potrà contare su un reddito sufficiente, nel periodo che intercorre tra la risoluzione del rapporto di lavoro e l'ottenimento della pensione; le aziende, difficilmente, prendono in considerazione periodi che superano i due anni di attesa.

Questa procedura corre il rischio di essere usata anche a sproposito, specialmente se si è di fronte a un conflitto azienda/dipendente di lunga durata; non è corretto, infatti, proporre tale formula a un dipendente che sta mettendo in atto comportamenti sanzionabili, ma ha la fama di essere un "osso duro".

La risoluzione consensuale potrebbe essere una facile scorciatoia. Chi è senza peccato scagli la prima pietra, ma prestate attenzione, poiché i rischi sono importanti; i dipendenti sani criticheranno palesemente i capi perché, dopo aver lungamente sopportato un fannullone o peggio un disonesto, sono disposti a pagarlo profumatamente purché lasci l'azienda.

C'è inoltre il rischio che qualche furbetto, in una fase conflittuale iniziale, progetti di deteriorare, ad arte, i rapporti con i propri capi, con la speranza che l'azienda arrivi, prima o poi, a proporgli, appunto, una risoluzione consensuale del rapporto di lavoro.

Laddove l'atto di risoluzione consensuale del rapporto di lavoro sia firmato davanti alle Commissioni di Conciliazione o di fronte a un giudice, non esistono problemi sulla sua applicazione e sul rischio che l'atto venga impugnato, a posteriori, da una delle due parti. Presenta maggiori rischi il caso in cui l'atto di risoluzione consensuale del rapporto di lavoro nasca come transazione privata tra azienda e dipendente.

È consigliabile, sia per il dipendente che per l'azienda, far validare l'atto con un verbale di conciliazione in sede sindacale; è tipico controfirmare l'atto, ad esempio, nelle sedi confindustriali di fronte ai rappresentanti di categoria per l'azienda e a quelli sindacali per il dipendente.

Riproduciamo nella sezione degli allegati (allegato 7, pag. 203) quella che, in base alla nostra esperienza, riteniamo essere una formulazione dell'atto di risoluzione consensuale, protettiva sia degli interessi dell'azienda che di quelli del dipendente.

RIEPILOGO DEL GIORNO 6:

- SEGRETO n. 25: cambiamenti organizzativi, che implichino demansionamenti, trasferimenti, collocamenti in Cassa integrazione, collocamenti nelle liste di Mobilità o licenziamenti di dipendenti, devono far parte di una strategia, condivisa con più funzioni aziendali, ed essere messi in atto con intelligenza.

- SEGRETO n. 26: comportamenti negligenti, fraudolenti e non rispettosi dei contratti, delle norme del codice civile e delle procedure/regole aziendali, quando documentati, costituiscono, invece, elementi accettati dalla magistratura e portano spesso a sentenze in favore delle aziende.

- SEGRETO n. 27: è consigliabile verbalizzare sia gli interventi di counseling che quelli di correzione, quando ci si trova di fronte a significative deviazioni.

- SEGRETO n. 28: attenzione a non confondere il sistema punitivo con azioni discriminatorie.

- SEGRETO n. 29: l'allontanamento di un dipendente deve essere interpretato come un processo, nel quale gran parte del percorso coincide con quello già tracciato per la gestione delle deviazioni e con la messa in atto del sistema punitivo.

- SEGRETO n. 30: la risoluzione consensuale del rapporto di lavoro è una procedura con la quale si compone un conflitto in corso, interrompendo un rapporto di lavoro, per espressa volontà sia dell'azienda che del dipendente.

GIORNO 7:

Come affrontare una situazione di mobbing

Ho deciso d'inserire un capitolo a sé stante sul mobbing, perché è **una situazione conflittuale illecita**, la più grave e pericolosa che possa accadere a un dipendente in ambito lavorativo. Premetto che, se il mobbing è intenzionalmente voluto dall'azienda, sarà assolutamente necessario rivolgersi a un legale per proteggere i propri interessi; obiettivo di queste pagine sarà, invece, quello di:

- definire il fenomeno del mobbing;
- far capire la differenza tra un processo di mobbing e un lecito, per quanto serio, conflitto aziendale;
- valutare quando è possibile porre in atto delle azioni per prevenire processi di mobbing;
- definire le iniziative da adottare, per preparare, con il proprio avvocato, un'efficace difesa.

È necessario, prima di procedere, comprendere che cosa s'intende, esattamente, per mobbing. La migliore sintesi, a mio giudizio, è quella adottata dal Tribunale di Forlì, nel marzo del 2001, che così recita:

SEGRETO n. 31: si definisce mobbing un comportamento reiterato nel tempo da parte di una o più persone, colleghi o superiori della vittima, teso a respingere dal contesto lavorativo il soggetto "mobbizzato" che, a causa di tale comportamento in un certo arco di tempo, subisce conseguenze negative anche di ordine fisico.

Possiamo ricavare, da questa definizione, tutti gli elementi che permettono di distinguere un processo di mobbing da atti che rientrano in fisiologiche situazioni conflittuali tra colleghi o tra capo e dipendente.

SEGRETO n. 32: la pratica del mobbing si distingue, perché è un atto violento, intenzionale, condotto a livello psicologico, ripetuto nel tempo, finalizzato e produce danni a livello psicofisico.

I processi di mobbing si presentano, però, con caratteristiche diverse che, per capire se e come sarà possibile difendersi senza ricorrere a un avvocato, vanno distinte in maniera approfondita.

Il **mobbing strategico** è un preciso disegno di esclusione di un lavoratore da parte del datore di lavoro o del management che, con un'azione programmata e premeditata, intende realizzare un ridimensionamento delle attività del lavoratore o il suo allontanamento. Abbiamo detto che, in questa situazione, la persona coinvolta deve rivolgersi a un avvocato del lavoro in quanto da solo, non riuscirebbe mai a contrastare un'azione del genere e a difendersi in modo efficace.

È possibile, d'altro canto, raccogliere informazioni, testimonianze e documenti, durante il processo di mobbing, che saranno poi utilissimi all'avvocato per preparare la vertenza contro il datore di lavoro. Cosa, di norma, pone in atto il datore di lavoro, quando intende sottoporre a mobbing un suo dipendente? L'esperienza dimostra che la azioni più frequenti sono:

- demansionamenti;
- svuotamento delle mansioni;

- trasferimenti di unità;

- continuo cambiamento degli incarichi;

- assegnazione di posti di lavoro isolati;

- esclusione dalle riunioni di gruppo;

- sottrazione o non assegnazione di apparecchiature aziendali standard.

Questi comportamenti, secondo le leggi sul lavoro, non sono leciti e, pertanto, sono perseguibili legalmente, come, in parte, avevamo già visto, commentando l'articolo 13 dello Statuto dei Lavoratori. Gli altri comportamenti, indicativi di un tentativo di mobbing strategico, rientrano nel grande capitolo delle **discriminazioni**, anch'esse illecite e perseguibili.

Deve essere assegnato al dipendente un posto di lavoro decoroso come quello dei suoi colleghi, il lavoratore deve avere la dotazione standard di strumenti che sono considerati di base per tutti i dipendenti come, a seconda dei casi, telefoni, computer, auto aziendali ecc. Deve, infine, essere invitato a partecipare alle riunioni a cui partecipa il suo gruppo di appartenenza. È importante, nel caso queste regole non fossero rispettate, raccogliere comunicazioni scritte, email, ordine di servizio, che possano, in qualche modo, confermare le inadempienze del datore di lavoro.

SEGRETO n. 33: il mobbing verticale o bossing è quello posto in essere dal superiore gerarchico della persona in causa; si distingue dal mobbing strategico, poiché non è escluso che l'azione sia condotta senza il consenso della direzione aziendale o dell'imprenditore.

Le azioni dirette verso il soggetto "mobbizzato" sono le stesse già descritte prima, per cui il dipendente potrebbe avere il dubbio che il suo capo esegua degli ordini superiori. L'unica soluzione, in caso di dubbio, è quella di rivolgersi al livello gerarchico più elevato o, laddove esista, alla Direzione del Personale. Il colloquio con questi funzionari deve avere l'obiettivo di accertare se sono al corrente di quanto sta succedendo, poiché, in caso contrario, gli deve essere chiesto d'intervenire per bloccare i comportamenti illeciti del capo diretto. Ti posso assicurare che, se il datore di lavoro e/o la funzione del Personale non condividono le iniziative del tuo capo, interverranno in tuo favore, per non rischiare una vertenza di lavoro che potrebbe costargli somme molto elevate.

SEGRETO n. 34: il mobbing orizzontale è l'esacerbazione di un conflitto personale, esercitato da colleghi al fine di tutelare le proprie posizioni, giudicate in pericolo e non in relazione a un'intenzionalità del management.

Come riconoscere situazioni di mobbing non intenzionale, esercitato da colleghi? Potrai sospettarne l'esistenza, nel caso tu sia in grado di notare i seguenti segnali:

- ti viene impedito, dal collega, di esprimerti liberamente;
- sei soggetto a critiche e rimproveri costanti;
- gli altri colleghi hanno, nei tuoi confronti, atteggiamenti di commiserazione;
- vengono fatti pettegolezzi sul tuo conto e talvolta sei oggetto di vere e proprie calunnie;
- potresti addirittura aver subito minacce o violenze.

SEGRETO n. 35: i tre parametri che devono sussistere, per darti la certezza di essere di fronte a un caso di mobbing,

sono: l'attacco è rivolto solo alla tua persona, è in atto da lungo tempo e gli attacchi sono frequenti.

Il mio suggerimento, anche in questo caso, è di rivolgerti immediatamente al tuo capo o, se esiste, alla funzione del Personale. Ricordati che le tue osservazioni devono essere circostanziate, deve riferire fatti non sospetti e, se possibile, citare altri colleghi che possono testimoniare a tuo favore.

Termino con un ultimo esempio, riferito proprio al caso di un dipendente che vinse, contro la sua azienda, una causa per mobbing, malgrado i suoi evidenti torti. Era da poco avvenuta la fusione della mia ultima ditta con un'importante multinazionale farmaceutica, quando si presentò nel mio ufficio un dirigente responsabile di una piccola divisione di vendita.

Ero, a quella epoca, il direttore della Funzione Risorse Umane per le Forze Operative Esterne e, pertanto, era mio compito dare assistenza al dirigente in questione. Egli mi mise al corrente di un problema che aveva con un uomo del suo gruppo, poiché questo dipendente non dava i risultati attesi e metteva in atto comportamenti sospetti; due volte all'anno, pressappoco nello stesso periodo, si dava malato, rimanendo assente per una decina di giorni. La famiglia del dipendente possedeva un vigneto in un'area del centro Italia e le assenze, guarda caso, coincidevano con il periodo della vendemmia e con quello della produzione del vino novello.

Il dirigente m'informò che desiderava sbarazzarsi di questo personaggio che, oltretutto, si era trovato imposto, a seguito di una riorganizzazione della multinazionale di appartenenza, per una precedente fusione. Il dipendente era inserito nella divisione che si occupava di un solo prodotto, ad altissimo contenuto scientifico, con la mansione di promuovere il farmaco presso un ristretto numero di medici specialisti, dislocati su di un'area geografica molto ampia; ciò rendeva veramente difficile esercitare un efficiente controllo sulle attività dell'individuo in questione.

Feci notare al Capo della Divisione che, senza adeguate prove, sarebbe stato impossibile allontanare il dipendente e, in caso di ricorso, il giudice ci avrebbe obbligato a riassumerlo. Proposi, perciò, di mettere il dipendente sotto controllo anche con l'intervento professionale di un'agenzia investigativa, ma tutto questo avrebbe richiesto un po' di tempo e una spesa di una certa consistenza. Il Capo della Divisione, che chiameremo da ora F. , poco convinto di dover aspettare, mi avvertì che avrebbe chiesto, attraverso la linea gerarchica, di trasferire il dipendente, che chiameremo G. , a un altro incarico.

Fui convocato, a breve distanza di tempo, dal Responsabile dell'unità di Business a cui apparteneva F. , che mi chiese di trasferire G. a un nuovo incarico presso la sede della società e che, perciò, prevedesse la residenza a Milano. Ricordai, anche a questo dirigente, tutti i rischi che operazioni del genere possono celare, ma lui si disse certo che G. non si sarebbe mai trasferito e che l'azienda avrebbe, dunque, potuto licenziarlo.

G. sorprese tutti, ovviamente guidato da un avvocato; si trasferì a Milano, presentando, contemporaneamente, un ricorso di urgenza contro il trasferimento. Il giudice, come era da aspettarsi, gli dette ragione e l'azienda fu costretta a ricollocarlo nell'area di provenienza, pagando, come perdente, le spese processuali. Il vecchio capo F. puntò i piedi e non volle riammetterlo nel suo gruppo, per cui l'azienda gli cambiò mansione, affidandolo a un nuovo capo. Il problema, questa volta, era il demansionamento, in quanto a G. fu affidato un incarico, certamente meno qualificato di quello che svolgeva in origine. Io, intanto, avevo maturato il diritto al pensionamento e, di conseguenza, per circa due anni persi i contatti con l'azienda.

Fui richiamato come consulente, dopo un paio di anni, con lo specifico incarico di concludere, per mezzo di transazioni, un piccolo numero di vertenze in corso e di conflitti patologici in atto. Mi fu messo a disposizione, per questo fine, un budget di spesa abbastanza significativo. La prima pratica che mi arrivò sul tavolo fu quella del signor G.

G. , molto ben guidato, aveva raccolto documenti e testimonianze interne all'azienda, citandola infine in giudizio per pratiche di mobbing. G. non accettò di transare nei limiti economici da me offerti e l'azienda dovette affrontare il giudizio. Fu condannata e tra penali, interessi, danno biologico e spese processuali, sborsò una cifra di poco superiore a 300.000 euro!

Traiamo, da questo caso, una morale per le aziende; è da stupidi passare dalla parte del torto, in un conflitto con un dipendente che, con molta probabilità, stava mettendo in atto dei comportamenti fraudolenti.

SEGRETO n. 36: il management delle aziende deve saper controllare le intemperie di certi capi se vuole evitare di trasformare dei conflitti capo-dipendente in una serie di battaglie perse, con notevoli danni economici e di immagine.

RIEPILOGO DEL GIORNO 7:

- SEGRETO n. 31: si definisce mobbing un comportamento reiterato nel tempo da parte di una o più persone, colleghi o superiori della vittima, teso a respingere dal contesto lavorativo il soggetto "mobbizzato" che, a causa di tale comportamento in un certo arco di tempo, subisce conseguenze negative anche di ordine fisico.

- SEGRETO n. 32: la pratica del mobbing si distingue perché è un atto violento, intenzionale, condotto a livello psicologico, ripetuto nel tempo, finalizzato e produce danni a livello psicofisico.

- SEGRETO n. 33: il mobbing verticale o bossing è quello posto in essere dal superiore gerarchico della persona in causa; si distingue dal mobbing strategico, poiché non è escluso che l'azione sia condotta senza il consenso della direzione aziendale o dell'imprenditore.

- SEGRETO n. 34: il mobbing orizzontale è l'esacerbazione di un conflitto personale, esercitato da colleghi al fine di tutelare le proprie posizioni, giudicate in pericolo e non in relazione a un'intenzionalità del management.

- SEGRETO n. 35: i tre parametri che devono sussistere, per darti la certezza di essere di fronte a un caso di mobbing, sono: l'attacco è rivolto solo alla persona, è in atto da lungo tempo e gli attacchi sono frequenti.

- SEGRETO n. 36: il management delle aziende deve saper controllare le intemperie di certi capi se vuole evitare di trasformare dei conflitti capo- dipendente in una serie di battaglie perse, con notevoli danni economici e di immagine.

CONCLUSIONI

Hai visto che, a seconda delle situazioni e degli ambiti, la gestione dei conflitti richiede particolari attenzioni e metodi; è, comunque, possibile adottare uno schema generale che ti sarà utile in ogni occasione:

- chiarisci a te stesso i motivi del conflitto. Identifica gli obiettivi che vuoi raggiungere e quali azioni o comportamenti della controparte ne impediscono la realizzazione;

- cerca di interpretare la personalità della controparte, per mettere a punto la tattica migliore e rimanere sulla sua lunghezza d'onda. Riferisciti, a seconda dei casi, agli esempi dell'analisi transazionale o alla descrizione dei profili dominanti;

- decidi se puoi usare le tecniche di persuasione, quelle dell'assertività o della negoziazione;

- applica l'ascolto attivo e la tecnica della domanda per capire esattamente la posizione della controparte. Ricordati di usare, essenzialmente, le domande di fatto;

- chiarisci a te stesso obiettivi, impedimenti e posizione della controparte, pensa in quale caso potresti accettare dei compromessi;

- valuta se non è il caso di passare dalle comunicazioni verbali a quelle scritte e a una trattativa più dura;

- esamina le soluzioni accettabili che attenuano il conflitto;

- raggiungi l'accordo che, in certe particolari situazioni, deve essere formulato in forma scritta e deve avere un avallo legale.

ALLEGATI

Allegato 1

ATTO DI TRANSAZIONE

Con la presente scrittura privata da valere ad ogni effetto di legge, tra i Sig.ri G.N., nato a … il …, CF. … e D.F., nata a … il … CF. …, entrambi residenti a …, in via …, coniugi in regime di separazione dei beni e proprietari in parti uguali dell'immobile sito a … in via … (piano 8° e 9°, foglio …, mappale …), qui di seguito indicati come PROPRIETARI, e il condominio di via … di … CF. …, in persona dell'Amministratore pro tempore Signor P. , qui di seguito indicato come IL CONDOMINIO

premesso che:

a. durante il mese di agosto 2004, nonostante atto di diffida stragiudiziario, notificata precedentemente, **la proprietà** ha costruito un nuovo volume al di sopra del lastrico solare di proprietà esclusiva della stessa **proprietà**;

b. **il condominio**, con ricorso ex art. 1171 e 1172 c.c. e 669 c.p.c. notificato in data 27 settembre 2004, ha chiesto al Tribunale di Milano che venisse ordinata la *sospensione* immediata dei lavori inerenti l'opera di sopraelevazione, e il Tribunale di Milano ha rigettato il ricorso con le motivazioni di cui all'ordinanza del 20.10.2004 allegata al presente atto;

c. nel corso dell'assemblea condominiale tenutasi il 26.11.2004, il Condominio dava mandato all'amministratore di instaurare azione legale nei confronti dei Proprietari, a tutela degli interessi dei Condominio, previo esperimento di un tentativo di conciliazione della instauranda lite.

Tutto ciò premesso, le parti convengono quanto segue:

art. 1

Con la sottoscrizione del presente atto il Condominio prende atto della nuova volumetria costruita dalla Proprietà al di sopra del lastrico solare di proprietà esclusiva della stessa Proprietà e semplicemente concorda con la Proprietà quanto contenuto nel presente atto di transazione e per l'effetto rinuncia ad ogni azione nei confronti della Proprietà.

art. 2

Tutti gli accordi contenuti nella presente scrittura avranno efficacia vincolante, sia rispetto alle parti che rispetto a loro eredi e aventi causa a qualunque titolo dai Proprietari nella titolarità. A tale fine, il presente atto verrà trascritto a cura e spese dei Proprietari sull'atto di acquisto della Proprietà dell'immobile posto al piano 8 e 9° del Condominio di … via … (cat. foglio ……, mappale …).

art. 3

Atteso che la nuova costruzione ha modificato la possibilità di accesso ad alcune parti comuni che possono richiedere manutenzione periodica o interventi specifici, con il presente atto i Proprietari si impegnano a permettere l'accesso per ogni necessità manutentiva con semplice richiesta verbale. Le parti comuni che possono richiedere manutenzione o interventi sono:

a) bocchettoni dei pluviali verticali e orizzontali;

b) parapetti;

c) camini di esalazione;

d) gli impianti passanti sotto traccia sulla proprietà …; (elettrico e tubi del vaso di espansione);

e) guaine impermeabilizzanti, nei limiti derivanti dall'assunzione di responsabilità dei Proprietari di cui all'art. 4 del presente atto.

art. 4

I Proprietari si impegnano a tenere indenne il Condominio dagli eventuali danni conseguenti e dipendenti dalla realizzazione delle opere di sopraelevazione eseguite sulla loro proprietà. In particolare, i Proprietari si impegnano a tenere indenne il Condominio per:

a. eventuali danni inerenti alla copertura realizzata e alle guaine di impermeabilizzazione, ivi compresi i danni per infiltrazioni, con impegno a provvedere a tutte le necessarie opere di manutenzione e ripristino della copertura medesima, senza nulla pretendere dagli altri condomini;

b. eventuali danni causati da infiltrazioni nella soletta all'appartamento sito all'ottavo piano del fabbricato in questione e in tutta l'area il cui accesso è attualmente limitato, con impegno a eseguire le opere di ripristino e di riparazione necessarie, immediatamente all'occorrenza, senza nulla pretendere dagli altri condomini;

c. ogni costo per le riparazioni e/o le ispezioni e manutenzioni dell'impianto di riscaldamento comune transitante nell'area ora con accesso impedito, evidenziando il presupposto che lo stato di fatto attuale sia significativamente diverso dal precedente essendo intervenute modificazioni sulla soletta, sul pavimento e sui carichi gravanti sulla soletta;

d. la Proprietà autorizza esplicitamente a intervenire presso l'area ora ad accesso impedito, in caso di grave pericolo in occasione di danneggiamenti o infiltrazioni, l'amministratore o un tecnico dall'amministratore incaricato, specificando le modalità di accesso alla proprietà e comunque sollevando il condominio dai maggiori danni eventualmente riscontrabili a causa delle difficoltà di intervento sul lastrico ove si è realizzata la nuova opera;

e. ogni onere relativo a manutenzione ordinaria e straordinaria della nuova costruzione sita sul lastrico solare è e sarà a carico delle Proprietà, non riconoscendo ad essa il Condominio la valenza di lastrico solare che rimane a tutti gli effetti quello originale della costruzione su cui è stata posata la nuova costruzione. In particolare il costo delle opere di impermeabilizzazione del tetto dei nuovi locali sarà integralmente sostenuto dai proprietari dei locali stessi.

art. 5

A seguito della nuova opera instaurata sul lastrico solare si rende necessario *effettuare* il ricalcolo delle tabelle millesimali dello stabile: lo stesso sarà effettuato a cura del Condominio e a spese della Proprietà, adottando il criterio della "revisione" delle attuali tabelle millesimali. Le eventuali spese necessarie e gli onorari dei tecnici chiamati a prestare la loro opera dal Condominio congiuntamente alla Proprietà saranno totalmente a carico di questa ultima.

art. 6

Resta inteso che tutte le spese di riparazione e manutenzione, ordinaria e straordinaria, inerenti alle parti di proprietà comune del fabbricato di ..., via ... non relative all'area oggetto del presente accordo, saranno a carico del Condominio come da consuetudine.

art. 7

Si specifica che il presente accordo è a valere per le sole parti comuni e non esonera la proprietà N. .... F. ... e suoi aventi causa dalle responsabilità comunque derivanti dalla titolarità del diritto di proprietà sia verso i condomini che verso il condominio e i terzi.

art. 8

L'accettazione delle presenti convenzioni non autorizza la proprietà N. F. a ulteriori rivendicazioni o richieste che dovessero modificare lo stato di fatto alla data in cui l'accordo verrà siglato. Allo scopo di rendere definitivo lo stato di fatto, le parti danno mandato a un tecnico di comune fiducia di redigere una relazione tecnica, corredata di servizio fotografico, che verrà allegata al presente atto e che, siglata tra le parti, verrà considerata facente parte e vincolante al presente atto. L'onere economico per la relazione è a carico della Proprietà.

art. 9

Il Condominio e la Proprietà stabiliscono, di comune accordo, di nominare un tecnico per ciascuna parte al fine di determinare l'importo dell'indennità di sopraelevazione che i proprietari corrisponderanno, al Condominio. In caso dì disaccordo, tra i due tecnici, sulla determinazione della suddetta indennità, i due tecnici nomineranno un tecnico super partes scelto fra gli iscritti all'albo degli architetti della Provincia di Milano, il quale deciderà quale arbitro unico (arbitrato irritale). Nel caso di mancato accordo sulla nomina del terzo tecnico – arbitro unico – questo verrà nominato fra gli iscritti all'albo, su istanza della parte diligente, dal Presidente del Consiglio dell'Ordine degli Architetti della Provincia di Milano. Le parti accetteranno le determinazioni dell'arbitro. Le spese dei tecnici tutti sono a carico della Proprietà.

art. 10

La Proprietà si impegna a fornire adeguate garanzie assicurative a favore del Condominio e relative alle responsabilità assunte di cui infra.

art. 11

Le spese di registrazione e autenticazione delle firme e trascrizione della presente scrittura saranno a carico dei Proprietari.

art. 12

Le premesse e gli allegati costituiscono parte integrale e sostanziale della presente scrittura.

Milano,

Firma …

Condominio via …

L'Amministratore.

Allegato 2

Raccomandata R.R.

Amministrazione Condominio Stabile 6

Supercondominio Centro Residenziale Parco ...

Studio Legale P.& A.

via ......

16 settembre 2006

Oggetto: Rispetto dei regolamenti condominiali

Si richiede, con la presente, l'intervento dell'Amministrazione dello Stabile 6 di via ...... – ... affinché, in forza delle raccomandazioni contenute al punto 12 del verbale dell'assemblea del 26 novembre 2004, richiami formalmente, la proprietà Società T. al rispetto del regolamento Condominiale e del Supercondominio, che vietano il parcheggio di automezzi nei cortili e vialetti comuni. Gli interventi, sino a ora messi in atto dalle amministrazioni, hanno certamente ottenuto il risultato di ridurre significativamente l'occupazione abusiva di spazi comuni da parte dei condomini più riottosi, ma la proprietà Società T., dopo un periodo di relativo rispetto del regolamento, ha ripreso a parcheggiare i propri automezzi.

La proprietà in questione, che gestisce un magazzino di tappeti nel seminterrato dello Stabile 6, ci risulta abbia chiesto verbalmente, all'Amministrazione, comprensione per il fatto che sulla via ……. risulta estremamente difficoltoso poter trovare un parcheggio nella fascia oraria lavorativa; tale richiesta non ha legalmente alcun valore per i seguenti motivi:

1. è dovere di chi acquista un immobile visionare sempre i regolamenti condominiali e verificare se esistono clausole che limitano diritti, ritenuti inderogabili dall'acquirente. La proprietà Società T. cambi dislocazione del proprio magazzino, se l'attuale non risponde alle esigenze legate alla propria attività commerciale;

2. il regolamento condominiale ammette il parcheggio per le operazioni di carico e scarico e, dunque, tutela tale aspetto commerciale. La proprietà Società T. non può pretendere di parcheggiare automezzi personali nei cortili condominiali, poiché non trova parcheggio sulla via …

L'Amministrazione è al corrente che il mio appartamento è dislocato al primo piano dello stabile ed è dotato di un terrazzo, che si apre sul giardino condominiale; è ben noto che tale caratteristica eleva il valore dell'appartamento, ma perderebbe tale plusvalore, qualora i cortili su cui è rivolto si trasformassero in parcheggi.

Intendo, pertanto, procedere personalmente nei confronti della Società T., ma ciò dovrebbe seguire a un formale richiamo scritto da parte dell'Amministrazione, richiamo che, sino a ora, non è stato effettuato. Si fa comunque notare che il comportamento della Società T. è esteticamente dannoso per tutto il condominio, in quanto parcheggiano gli automezzi in quello che è il cortile principale d'ingresso allo stabile.

È mio dovere avvertirVi che, nel caso non intendeste procedere in tal senso, sarò comunque costretto a citarVi in giudizio, al fine di spiegare al giudice le ragioni della Vostra posizione.

Segnalo, onde evitare contestazioni per azioni discriminatorie nei riguardi della Società T., che altre proprietà continuano, talvolta, a occupare abusivamente spazi condominiali per parcheggiare le loro auto; mi riferisco ai Condomini F., L. e P. Non intendo procedere, personalmente, nei loro confronti in quanto le aree di parcheggio da questi utilizzate non alterano il valore estetico della mia proprietà; sarà compito dell'Amministrazione valutare se intervenire o meno anche nei loro confronti.

Sono disposto, credo nell'interesse di tutti, ad attendere due settimane dal ricevimento della presente, prima di procedere con l'azione legale; tale periodo dovrebbe essere sufficiente all'Amministrazione per esercitare il formale richiamo e alla Società T., per mettere fine ai loro comportamenti abusivi; non vedendo nulla in tale senso, darò mandato allo studio legale, che ci legge in copia, di depositare un ricorso contro la proprietà inadempiente. Allego, per Vostra opportuna conoscenza, un'ampia documentazione fotografica sulle infrazioni commesse dalla proprietà Società T.

Distinti saluti.

Allegato 3

SUPERCONDOMINIO- CENTRO RESIDENZIALE PARCO ...

Rif. PTO 197 ...... 29.09.2006   Raccomandata A.R.

Egr. Sig. ... via ......

Con riferimento alla Sua raccomandata A.R. del 16.09.2006, Le confermo di aver avuto assicurazione da parte dei trasgressori al regolamento del Supercondominio Art. 7 – lettera C, che non si ripeteranno più infrazioni al regolamento di cui sopra. Qualora dovessero venir meno tali inadempienze, condividendo quanto da Lei lamentato, oltre la Sua iniziativa personale, anche l'amministrazione del Supercondominio vigilerà, adottando tutte quelle azioni necessarie, nel rispetto delle norme che regolano la civile convivenza e il rispetto delle altrui proprietà. Due settimane sono sufficienti per verificare la non ripetibilità delle trasgressioni.

Distinti saluti

L' Amministratore ...

Allegato 4

RELAZIONE SU: OCCUPAZIONE INDEBITA DI SPAZI CONDOMINIALI

Da: Consigliere dello Stabile 6 …
A: Studio Legale P. & A.

Oggetto:occupazione abusiva di spazi condominiali; ricorso contro la proprietà Società T.

Egregi Signori,
come d'accordo vi mando un resoconto di tutta la situazione con allegati dei documenti che dovrebbero rivelarsi utili per una definizione del problema.

ANTEFATTO

L'esposto ha come oggetto l'occupazione abusiva di spazi condominiali nello stabile dislocato al numero 6 di via …, presso il comune di …; lo stabile fa parte di un Supercondominio denominato "Parco …", composto da cinque palazzi. Gli stabili 1, 2 e 3 hanno accesso dalla via … (perpendicolare alla …) e gli stabili 6 e 7 dalla via … L'insieme è inserito in un ampio contesto curato a giardino e con vialetti di comunicazione tra le diverse costruzioni; nel sottosuolo sono state ricavate tre ampie strutture di box. Le costruzioni hanno in comune la centrale termica. Il complesso risale alla fine degli anni Sessanta, epoca in cui l'area risultava molto isolata e circondata da terreni agricoli; non esisteva traffico e gli abitanti godevano della massima disponibilità di parcheggi esterni sia di giorno che di notte.

È nota la storia di questa frazione di … denominata …; la Società E.D.N. vi costruì, ai primi degli anni Settanta un complesso residenziale, con il relativo centro Direzionale, e un albergo della catena dei Jolly Hotel; il centro Direzionale è diventato la sede di importanti aziende quali CC, RQ, SP ecc.

L'ospedale F.M.T., confinante con la via …, sorto come ospedale privato, è diventato un'enorme struttura pubblica, ancora in fase di espansione; sulla via …, infine, sono stati costruiti due distaccamenti universitari, rispettivamente denominati il LITA e il LASA.

Tutti questi insediamenti hanno portato a un lento e progressivo aumento del pendolarismo senza, per contro, un corrispettivo adeguamento di aree di parcheggio, in grado accogliere le auto di coloro che si recano in zona per motivi di lavoro.

Il parcheggio sulla via … è diventato, come conseguenza di tale situazione, estremamente difficoltoso nella fascia oraria compresa tra le 08.30 e le 17.30.

Questo fenomeno ha inciso sul comportamento di alcuni condomini che, di fronte a tali difficoltà, hanno ritenuto di poter usare, come aree di parcheggio delle loro auto, piazzole e vialetti dei giardini condominiali; non va comunque taciuto che altri proprietari, nel pieno dispregio dei regolamenti di condominio, hanno preso l'abitudine di utilizzare gli spazi comuni, per parcheggiare le auto di notte e anche durante i giorni festivi.

DENUNCIA

Il Supercondominio non ha un'unica amministrazione per tutti gli stabili ma, sia nel regolamento del Supercondominio, (art. 7 comma c) che in quello dello Stabile 6 (art. 4 comma h), i parcheggi nelle aree comuni sono autorizzati solo per operazioni di carico e scarico. L'occupazione abusiva di spazi condominiali, prendendo in considerazione lo Stabile 6, ha portato, nel tempo, a situazioni talvolta estremamente conflittuali con danneggiamenti di auto durante le ore notturne.

Le amministrazioni hanno tentato, senza successo, di scoraggiare gli abusivi, delegando la custode a esporre avvertimenti sui parabrezza degli automezzi; per fortuna, il ricambio di proprietari, nel tempo, ha portato a un sicuro miglioramento generalizzato, persistendo però comportamenti abusivi da parte di un ben preciso gruppo di condomini.

I recidivi e perennemente abusivi sono, all'atto pratico, due proprietà. La prima (proprietà Società T.) è conduttrice di un magazzino di tappeti, ricavato in un seminterrato dello stabile; la seconda (proprietà Società F.) è conduttrice di un'attività di vendita all'ingrosso di bigiotteria, con sede in un secondo seminterrato.

Si veniva a conoscenza, durante l'assemblea del 26 novembre 2004, di una sentenza della Corte di Cassazione, in data 24 settembre 2003 – 24 febbraio 2004 (Giurisprudenza conforme: Cass. Civ. 05.09.1994 e Cass. Civ. 15.07.1995), che si era occupata della collocazione continua di autovetture nei cortili condominiali da parte di singoli condomini. Tale comportamento, secondo la Corte, rivela l'intenzione di possedere il bene in maniera esclusiva e costituisce un'occupazione stabile, abusiva dello spazio comune, in quanto impedisce agli altri condomini di partecipare all'utilizzo dello stesso.

L'Assemblea dava, pertanto, mandato all'Amministratore (punto 12 del verbale) di procedere con una forte azione di repressione dei parcheggi abituali. L'Amministrazione metteva in atto due iniziative:

- collocava apposita segnaletica all'ingresso dello stabile;
- inviava, nel settembre 2005, a tutti i Condomini una comunicazione, con la quale richiamava la sentenza della Corte di Cassazione, e minacciava di procedere legalmente contro gli abusivi.

La nuova presa di posizione provocava, nell'immediato, una netta diminuzione dei parcheggi prolungati ma, come detto sopra, alcune proprietà mantenevano il loro comportamento abusivo. Il proprietario signor S. , del quale lei è il legale, in data 16 settembre 2006, inviava una raccomandata alla nuova Amministrazione che sembrava essere troppo tollerante di fronte ai ripetuti abusi della Società T. si faceva presente, per la prima volta, all'Amministrazione che, se non fosse intervenuta, il signor S. sarebbe stato costretto a iniziare personalmente un'azione legale contro la società T. (allegato 5).

S. riceveva, a pochi giorni di distanza, una raccomandata da parte dell'Amministratore, in cui si davano assicurazioni sul fatto che la Società T. non avrebbe più compiuto altre trasgressioni. L'Amministratore del Supercondominio, che si fa notare era diventato amministratore anche dello Stabile 6, di fronte alle lagnanze di altri condomini, inviava, nel gennaio 2007, un avviso a tutti i residenti in cui minacciava, in base ai mandati conferitigli, immediate azioni legali contro i trasgressori dei divieti di parcheggio.

Le proprietà F. e T., seppure a fasi alterne, continuavano a parcheggiare i loro automezzi nei vialetti condominiali, ma, malgrado questo, l'Amministrazione non iniziava alcuna azione legale contro di essi; si chiedeva verbalmente ragione di tale comportamento e ci veniva risposto che il legale dell'Amministrazione riteneva molto dubbia una causa in tale senso e suggeriva di muoversi con estrema cautela. L'aver mandato un avviso come quello del gennaio 2007 e non aver dato seguito ad alcuna azione legale rafforzava l'atteggiamento trasgressivo delle proprietà che, evidentemente, interpretavano a loro favore il comportamento lassista dell'Amministrazione.

Ciò costringeva il signor S. a inviare una seconda raccomandata all'Amministrazione, chiedendo un'azione formale contro la Società T., ma, anche questa volta, l'intervento si limitava all'invio di una raccomandata, scritta dall'Amministratore e non dal legale del Condominio.

Vi chiedo, visto tutto quanto sopra, se, oltre a ottenere dal giudice l'ingiunzione agli abusivi di non occupare più gli spazi condominiali, è possibile prevedere un risarcimento economico per il danno provocato all'appartamento di S, appartamento il cui terrazzo si apre proprio sull'area occupata dalle auto in sosta.

È noto, infatti, che, tra i diversi fattori che determinano il valore di un appartamento, ha una significativa importanza la presenza di terrazzi o balconi e l'inserimento dell'immobile in un contesto quale un giardino condominiale. L'utilizzo delle aree condominiali come aree di parcheggio trasforma in uno svantaggio la situazione dei suddetti terrazzi o balconi, modificando la gradevolezza della vista.

Facciamo, infine, notare che il comportamento della proprietà T. determina uno scadimento estetico di tutto l'immobile, in quanto usa come area di parcheggio la piazzola d'ingresso allo stabile.

Allegato 5

Raccomandata

Amministrazione Condominio Stabile 6

Supercondominio Centro Residenziale ......

Studio Legale P & A

..., 30 maggio 2007

Oggetto: Rispetto dei regolamenti condominiali

Faccio riferimento alla mia raccomandata, pari oggetto, del 16 settembre 2006 e alla vostra risposta (rif. PTO 197) del 29 settembre 2006, per chiedere l'intervento formale di codesta Amministrazione nei confronti della proprietà Società T., per i seguenti motivi:

1. la proprietà in questione, dopo un periodo di relativo rispetto del regolamento condominiale, ha ripreso a parcheggiare i propri automezzi negli spazi condominiali, con una non accettabile frequenza, a partire dal mese di febbraio 2007;

2. si rileva che l'Amministrazione è intervenuta, nei riguardi di tale proprietà, solo verbalmente, mentre ha già proceduto,

verso altre proprietà, in modo legalmente formale, ottenendo un'immediata cessazione delle trasgressioni.

Si ribadisce, pertanto, quanto già annunciato nella raccomandata del 16 settembre e cioè che intendo procedere personalmente nei confronti della Società T., ma ciò dovrebbe seguire a un formale richiamo scritto da parte dell'Amministrazione, richiamo che, sino a ora, non è stato effettuato; È mio dovere avvertirvi che, nel caso non intendeste procedere in tal senso, sarò comunque costretto a citarvi in giudizio, al fine di spiegare al giudice le ragioni della Vostra posizione.

Vi allego nuova documentazione fotografica relativa alle infrazioni di cui sopra.

Distinti saluti.

Allegato 6

TELEFAX

Egr. Sig. Rag. G.P.

Via …

…, 6 novembre 2007

Oggetto: Supercondominio Centro Residenziale Parco …
Condominio via …

Violazione legge e regolamento supercondominale e condominiale.

Egregio rag. P.,

la presente nell'interesse del dott. …, condomino dello stabile n. 6 del Supercondominio Centro Residenziale …, da Lei amministrato. Riferisce il mio assistito che: ormai da tempo diverse autovetture (tra queste, quelle targate … e …) vengono abitualmente posteggiate per tempi anche prolungati (svariate ore) su spazi comuni, in violazione delle disposizioni di legge e di regolamento vigenti in materia; tale circostanza Le è stata ripetutamente segnalata, con richiesta di dar corso alle iniziative utili al fine del ripristino di una situazione di legalità; gli inviti da

Lei indirizzati ai trasgressori non hanno sortito effetto, persistendo a oggi la richiamata violazione. In relazione a quanto sopra, occorre – evidentemente – avviare un'azione diretta a ottenere dall'Autorità Giudiziaria un provvedimento coercitivo verso chi si è reso, e continua a rendersi, responsabile della denunciata inottemperanza.

In proposito, Le faccio presente che le già menzionate autovetture risultano intestate, la prima alla S.r.l. T. di M., con sede in …, la seconda a …, residente a Milano in via … (socia di maggioranza della detta società). Vorrà cortesemente farmi sapere a stretto giro se, in forza delle prerogative attribuiteLe dalla legge, dal regolamento e anche dalla delibera assembleare adottata in data 25.11.2004, Ella intende dar prontamente corso alla richiesta azione; diversamente, vi provvederà il dott. …, con riserva di ogni suo diritto.

Le sarò altresì grato se, nell'occasione, vorrà precisarmi l'esatta intestazione della proprietà dell'unità immobiliare n. 40 del Condominio dello Stabile n. 6; più esattamente, se detta unità è intestata "…", come appare dalla lettura del riparto preventivo 2006/2007, o invece "…", come parrebbe potersi dedurre da una visura camerale da me fatta eseguire. E ciò, per l'eventualità in cui nell'interesse del mio assistito dovessi procedere legalmente.

In attesa di Suo cortese riscontro,
 i migliori saluti.

Avvocato …

Allegato 7

ATTO DI RISOLUZIONE CONSENSUALE DEL RAPPORTO DI LAVORO

La Società S.p.A., con sede in …, e la signora XY, residente in … premesso:

- che Società S.p.A.. ha assunto alle proprie dipendenze la Signora XY in data …;

- che Società S.p.A. ha proposto alla Signora XY la risoluzione consensuale del rapporto di lavoro;

- che la Signora XY si è dichiarata disponibile ad acconsentire alla risoluzione del rapporto di lavoro alle condizioni da lei richieste;

- che Società S.p.A. ha accettato di risolvere il rapporto di lavoro alle condizioni concordate con la signora XY;

convengono quanto segue:

1. il rapporto di lavoro subordinato sorto fra Società S.p.A. e la signora XY in data … sarà definitivamente risolto ed estinto,

per espresso consenso delle parti stesse, a tutti gli effetti, in data ...;

2. la società S.p.A. si impegna a corrispondere alla signora XY, entro il ..., oltre alle normali competenze di fine rapporto di lavoro:

- la somma di Euro ... netti, a titolo di corrispettivo del consenso alla risoluzione del rapporto di lavoro;

- la somma di Euro ... netti a saldo, stralcio e definitiva transazione di ogni e qualsiasi diritto o titolo sino a oggi eventualmente non soddisfatto e comunque connesso con il pregresso rapporto di lavoro.

La signora XY dichiara di accettare:

- la somma di Euro ... netti, a titolo di corrispettivo del consenso alla risoluzione del rapporto di lavoro;

- la somma di Euro ... netti a saldo, stralcio e definitiva transazione di ogni e qualsiasi diritto o titolo sino a oggi eventualmente non soddisfatto e comunque connesso con il pregresso rapporto di lavoro (come, ad esempio, trattamento di fine rapporto maturato per effetto dell'estinzione del rapporto di lavoro con Società S.p.A. e con sue consociate o collegate; indennità di preavviso; differenze retributive per mancato o tardato riconoscimento di categorie o qualifiche; inquadramenti in categorie superiori; attribuzioni di qualifiche superiori o diverse; aumenti periodici di anzianità; trasferimenti; trasferte; distacchi; missioni all'estero o distacchi presso società all'estero; ferie non godute e relativo compenso sostitutivo; lavoro straordinario, lavoro supplementare, lavoro festivo, lavoro notturno e relativi compensi; riposi settimanali; incrementi retributivi previsti da norme legislative e contrattuali; incrementi retributivi, eventuali premi collegati a obiettivi o benefits disposti dalla Società o che questa si sia impegnata a riconoscerle; indennità da corrispondersi a vario titolo; trattamenti connessi con le posizioni di lavoro ricoperte; eventuale premio di partecipazione non ancora consuntivato ecc.).

La signora XY dà, pertanto, atto alla Società S.p.A. che, con l'avvenuto pagamento delle somme, di cui al precedente punto 2, essa avrà adempiuto ad ogni obbligo contrattuale e legislativo nei di lei confronti, dichiarando di ritenersi integralmente soddisfatta e di non aver più nulla a pretendere dalla Società stessa e da sue consociate o collegate, sia in ordine ai titoli tutti come sopra singolarmente specificati, così come in ordine ad ogni altro diritto, pretesa, ragione o titolo, sorti o che possano, comunque, sorgere in connessione con il pregresso rapporto di lavoro e rinunziando, pertanto, definitivamente e irrevocabilmente, a ciascuno dei titoli, diritti o pretese stessi, così come ad ogni azione o eccezione intesa a farli eventualmente valere.

Le parti dichiarano che con il presente atto di risoluzione consensuale di rapporto di lavoro e transazione hanno inteso definire ed estinguere ogni reciproco loro obbligo derivante dal pregresso rapporto di lavoro, così come ogni questione comunque connessa con il rapporto medesimo, essendo stata preventivamente tra loro esaminata e discussa.

Le parti si danno, infine, atto di aver esaminato, discusso e definito ogni questione comunque connessa con l'intercorso rapporto di lavoro, così come gli importi, di cui sopra, dichiarando, pertanto, che la sottoscrizione del presente atto riveste carattere transattivo e definitivamente abdicativo, ai sensi e per gli effetti di cui all'art. 2113 c.c.

Società S.p.A. e la signora XY sottoscrivono il presente atto per integrale accordo e definitiva accettazione di tutto quanto in esso previsto.

Letto firmato e sottoscritto